孟子

战国逆行者

周知惟 著

团结出版社
UNITY PRESS

图书在版编目（ＣＩＰ）数据

　　孟子：战国逆行者 / 周知惟著. -- 北京 : 团结出
版社，2020.5
　　ISBN 978-7-5126-7332-8

　　Ⅰ．①孟⋯ Ⅱ．①周⋯ Ⅲ．①传记文学－中国－当代
Ⅳ．①I25

中国版本图书馆CIP数据核字(2019)第200853号

出　　版：团结出版社
　　　　　（北京市东城区东皇城根南街84号　邮编：100006）

电　　话：（010）65228880　65244790　（出版社）
　　　　　（010）65238766　85113874　65133603（发行部）
　　　　　（010）65133603（邮购）

网　　址：http://www.tjpress.com

E-mail：zb65244790@vip.163.com
　　　　　fx65133603@163.com（发行部邮购）

经　　销：全国新华书店

印　　装：三河市东方印刷有限公司

开　　本：145mm×210mm　　　32 开

印　　张：8.75

字　　数：204 千字

版　　次：2020 年 5 月　　第 1 版

印　　次：2020 年 5 月　　第 1 次印刷

书　　号：978-7-5126-7332-8

定　　价：32.00 元

代序　重新认识孟子

这一年，孟子六十岁。

孔子说，六十而耳顺，但此时的孟子，耳却非常不顺。

他本就不是孔子那样温文尔雅的谦谦君子。他当然也是君子，但是个快意恩仇的君子，所以面对不平之事，他无法像孔子那样风轻云淡，而是脾气火爆、激烈反驳。

在诸侯间游走了几十年，按说早该学会圆滑世故，但他还是那副又臭又硬的犟脾气，非但不肯摧眉折腰事权贵，还想让权贵摧眉折腰事他。

他说，在列国间纵横捭阖扬名天下的人，只能算势利之徒；只有像他这样，"富贵不能淫，贫贱不能移，威武不能屈"，才能算得上真正的大丈夫。为此，他在诸侯王面前总是不甘示弱，甚至让人下不来台。

就在这一年，齐宣王便遭到了孟子的无视，弄得颜面无光。

齐宣王很欣赏孟子的才华，孟子也一度对齐宣王寄予厚望，不厌其烦地向齐宣王推行仁政。齐宣王很认真，很仰慕，也很虚心请教，可就是不执行，这让孟子很头痛。

孟子急了，多次口不择言地刺激他，可齐宣王总是一笑了之，不计较，也不生气，偶尔被孟子的骇人言论吓到，勃然变色，但只一会儿，又恢复原状，一副求知若渴的样子。

接下来，又是很认真、很仰慕、很虚心地向孟子请教，结果又是不执行。

孟子最讨厌齐宣王这点，总是给人无限希望，却又总是让人特别失望。孟子就这样心甘情愿地"上当"，忍受了齐宣王七年。所以这一年，他受够了，决定抛弃这块看上去很像孺子的朽木，让齐宣王也尝尝失望的滋味。

这时候，如果齐宣王能屈尊挽留孟子，即使只是说一些老生常谈的宽慰话，做出一些含糊不清的承诺，一切或许还有挽回的余地。别看孟子一副对齐宣王深恶痛绝的样子，其实在所有诸侯王中，他喜欢的就是齐宣王。因为最喜欢，所以最苛刻，爱之深，责之切也。

可是，齐宣王偏偏在孟子最敏感的时候，做了一件十分傲慢的事（在孟子看来），严重地刺伤了孟子的自尊心。

孟子认为齐宣王有意怠慢自己，但齐宣王说："寡人真是跳进黄河也洗不清啊！"

那一日，齐宣王不幸患上寒疾，他本打算亲自探望孟子，但医生告诉他："大王这病，不能吹风。"

不能吹风还如何外出探望孟子？但齐宣王当时又很想见孟子，那便只有一种方法，即请孟子入宫。齐宣王正打算派人请孟子时，突然想到一件事，于是特意交代了一句话，嘱咐使者不能委屈了孟夫子。

齐宣王无论如何也没想到，如果他当时没有派人请孟子入宫，便可以见到孟子，但他派人邀请孟子入宫，反而见不到孟子。因为孟子本来就打算入宫朝见齐宣王。但这很让人费解，既然孟子本打算朝见齐宣王，齐宣王又派使者请孟子入宫，孟子就更应该我们不妨先看齐宣王的使者是如何邀请孟子入宫的。使者照齐宣王的吩咐，谦卑地对孟子转述说："寡人本应该亲自来看您，但得了寒疾，医生说不能吹风，所以实在对不起，如果您肯入朝，便最好不过。"

这话似乎并无任何失礼之处。说完，使者又把齐宣王特意交代的话诚恳地复述了一遍："不知道寡人能看到先生吗（不识可使寡人得见乎）？"

之所以要强调这句话，是因为齐宣王不想让孟子以为，他想强迫孟子入宫朝见。齐宣王告诉孟子，这只是一个建议，如果孟子不愿意入宫朝见，也没关系，大不了病愈以后，亲自探望他便是。

孟子冷冷地说："既然如此，那就不见吧！"

使者说："您这是为什么啊？"使者替齐宣王感到不值，大王如此热情地邀请孟子入宫，孟子却如此冷漠相对。

孟子瞪了他一眼，说："很不巧，我也病了，所以不能朝见大王。"

这明显是气话，也是谎言。孟子根本没有生病，他的身体强壮如牛，但他认为，齐宣王也没有生病，之所以称病，是因为他不愿屈尊敬贤，又不想落下怠慢贤人的恶名。这是一种虚伪和骨子里的傲慢。所以，孟子本来打算朝见齐宣王，但因为这件事，便气不打一处来，冷冷地回绝了使者。

使者垂头丧气地走了。

孟子欺骗了使者，欺骗了齐宣王，显然，他应该在家里安安静静地待几天，做一个生病的样子给齐宣王看。可是，谁也没有料到，事情才过去一天，也就是欺骗齐宣王的第二天，孟子便大摇大摆地出门了。

或许，如果有必要，孟子当天就可能出门。孟子第二天出门，是因为老朋友东郭大夫家里办丧事，孟子要去吊丧，但孟子不是非去不可。所以，他的学生公孙丑考虑到孟子欺骗齐宣王的事，劝说道："老师还是别去吊丧了吧！您昨天才和齐王的使者说有病，不去朝见齐王，今天却又去吊丧，齐王知道了心里怎么想？"

孟子没好气地说："他爱怎么想怎么想！昨天生病，今天好了，所以去吊丧，不可以吗？"说罢，扬长而去，公孙丑想拦都拦不住。

那么，齐宣王是如何想的？由于使者回宫复命时，没带任何情感地复述了孟子的话，让齐宣王真以为孟子生病。齐宣王是个暖男，至少那一刻他是，他非常关心孟子的病情，于是派了一位医生来给孟子看病。

医生到孟子家时，孟子恰好已经外出到东郭大夫家吊丧。这该如何是好？孟子的堂弟孟仲子心急如焚，总不能实话实说吧？堂哥明明向齐宣王称病，不去朝见齐宣王，却又大摇大摆地外出吊丧，岂不是公然欺君？

既不能实话实说，又不能让医生给孟子看病（因为孟子没有病，关键是他也不在家），究竟该怎么办？孟仲子不愧是孟子的堂弟，他脸不红心不跳地说："昨天我哥确实生病，幸好，病得不是很严重，今天好了一点儿。按说，他不该出门，可他想到大王想见他，已经上朝去了，只是不知是否已到达。"

这又是一番彻头彻尾的谎言。孟仲子比孟子更过分，孟子只撒了一个谎，但他撒了两个谎。第一个是孟子昨日生病，第二个是孟子去朝见齐宣王。

可怜的齐宣王，就这样被孟子两兄弟男子双打式地"捉弄"。他听孟仲子说，孟子正在进宫的路上，竟傻乎乎、眼巴巴地在宫里等候。

与孟子不同的是，孟仲子欺骗齐宣王的初衷，不是出于愤恨，而是一片好心。他不想孟子因此得罪齐宣王，也不希望齐宣王因此难堪，他希望这番善意的谎言，能够缓解孟子和齐宣王两人之间的关系。

医生走后，孟仲子火烧眉毛似的吩咐家人，让他们立刻出发截住孟子。他忧心忡忡地说："截住我哥后，让他赶快朝见齐王，无论如何也不要回家。"

此时的孟子，对家里发生的一切浑然不知，他根本没想到，"傲慢"的齐宣王竟会如此贴心派医生给他看病。要知道，如果齐宣王确实患上寒疾，他自己的病极可能还没有痊愈，却关心起孟子的病情来，这着实令人感动。

孟子走得不徐不疾，很快便被家人赶上。家人危言耸听地对孟子说："您最好赶快去朝见齐王！"说着便将原因告诉他。

出人意料的是，孟子全然没有被齐宣王的贴心感动，也根本没有考虑欺君的后果，迈出大步便要向前走。家人急了，激动地说："您这是干什么？您不为自己着想，也该为孟仲子想想！"

孟子一副有恃无恐的样子，掉头就走，没有回家，更没有去朝见齐宣王，而是躲到了老朋友景丑家。无论家人如何劝说，软磨硬泡，他也不出来，还打算在景丑家过夜。家人望门兴叹，只好惴惴不安地碎念着老犟驴回家。

景丑见状，一脸不悦。但景丑不悦，不是不愿招待孟子，而是不满孟子的傲慢。这家伙是根直肠子，他气鼓鼓地说："孝顺父母，尊敬国君，这是做人最基本的节操。可是，大王那么尊敬您，您却对他如此无礼，您还要不要节操啦？"

孟子却一本正经地说："你这话，说得可真没水平！"

景丑被孟子气得跳起来，说："我怎么就没水平了！你不是说做人要懂得恭敬吗？我让你别在大王面前那么傲慢，恭敬一点儿，这有错吗？"

孟子像个粗人一样答道："我对齐王不尊敬？齐国有比我对齐王更尊敬的人吗？（齐人莫如我敬王也。）"

这话可让人丈二和尚摸不着头脑，孟子看着傻乎乎挠头的景丑，说："齐国没人和齐王谈仁义，难道是因为仁义不好吗？不是的，他们说和大王谈仁义，不是开国际玩笑吗？哪能跟他谈仁义。"

孟子质问景丑："你瞧，这些人对齐王就是这个态度，他们尊敬齐王吗？"又眉飞色舞地说："我就不同，我和齐王谈的都是尧舜之道那样的高端话题，从来就没有小瞧齐王，你说，是不是只有我最尊敬齐王？"

景丑被孟子问得一愣一愣。他想了半天，总觉得哪里不对劲儿，但就是无言以对，憋在心里干着急。面对孟子的气势汹汹，他很被动地说："你误会我了，我不是这个意思。"

"那你究竟是什么意思？"孟子咄咄逼人地问道。

景丑小心翼翼地说："俗话说，君主召唤，不等车马驾好便走，一刻也不能让君主久等。可您呢，本来准备朝见大王的，大王一召见，您反而不去了。这是不是不太礼貌？"

孟子却反问道："凭什么齐王召见我，我就要见他？"

景丑正欲解释，孟子却打断他，说："你要明白，天下最尊贵的不只是爵位，还有年龄和道德。在朝廷，论爵位；在乡里，论年龄；至于辅佐君主，治理百姓，自然以道德为上。所以，这件事情，不是我无礼，而是齐王没分寸，他怎么能仗着自己是君王，便以爵位来看轻我的年龄和道德？"

孟子说得好像自己受了很大委屈似的。可齐宣王有没有轻视孟子？没有。齐宣王只是邀请孟子入宫，并没有强迫他入宫。如果齐宣王轻视孟子，就不会派医生给他看病。景丑认为孟子过于敏感，无理取闹，但孟子却不依不饶。

孟子一定要证明自己才是正确的，又说："凡是英明的君主，必有不能够召唤的臣子，有什么事，亲自拜访臣子。以前，商汤对他的宰相伊尹，齐桓公对他的宰相管仲，都是这样做的。连管仲也不可以召唤，何况我呢？（管仲且犹不可召，而况不为管仲者乎？）"

景丑在心里骂骂咧咧："什么叫连管仲也不可以召唤？这个死孟子，尽给自己戴高帽子！管仲是齐桓公的仲父，辅佐齐桓公九合诸侯、一匡天下，齐桓公自然对他破格尊重。你孟子算什么？不过是个寸功未立的老书生！"

但这种话能说吗？不能说。一说，势必点燃孟子的火爆脾气。景丑素知老朋友孟子善辩，而且战斗意志非常顽强，不占上风不罢休，脾气如茅坑里的石头又臭又硬，这种人惹不起，只能躲。

景丑无奈地笑了笑，无话可说。

孟子又一次以胜利告终。

胜利的孟子恐怕想不到，他今天的任何一项"出格的"言行举止，若放在明清时期，都可能让他脑袋搬家。

一个欺君之罪就够他喝一壶的，何况他居然还说，齐宣王的王位不如他的道德宝贵！

他实在"胆大包天"！但也实在让人敬佩！

但孟子并没有因此得意扬扬。这样的胜利，在孟子的人生中不胜枚举，不值一提。纵然没有胜利，也可能有门人在《孟子》中单方面宣告他胜利，所以他辩论从无败绩。

事实上，孟子反而很失落。他认为，齐宣王既然如此怠慢他，而他又将心中的不满表现得那样直白，齐宣王居然没有顺从其意，可见齐宣王已经开始冷落他了。

他赢尽了天下，却也终将失去天下。

孟子从未拥有天下，又何谈失去？这自然是他无与伦比的自信所致。孟子藐视王权，公然"欺君"，不给齐宣王丝毫颜面，如此无与伦比的高傲，也着实大出世人所料。人们都知道孟子高傲，但恐怕很少有人知道，他竟然高傲到如此地步！

但自信与高傲并不足以概括孟子，孟子是个棱角鲜明、个性十足的人，真实的孟子远比神坛上的老夫子生动、可爱、有趣。

不过，和所有有血有肉的凡人一样，孟子也不全是优点，也有缺点，也有偏见，甚至也有劣根性。但与众不同的是，孟子的性格实在鲜明，即使是缺点，也缺陷得那么鲜明，绝不藏着掖着。

真实的孟子更像是一个传奇，他颠覆了人们对神坛上的孟子的认识，也颠覆了人们对恭敬有礼的儒生的认识。

那么，真实的孟子究竟是怎样的人？

且让我们忘掉孟子圣人的光环，以平视的视角（既不卑微地仰视，也不傲慢地俯视），走进凡人孟子的人生轨迹，重新认识一个很不完美的孟子。

目录
contents

目录
contents

目录
contents

目录
contents

目录
contents

目录
contents

尴尬的身世

公元前694年，鲁国的第十五位国君鲁桓公死于非命。

鲁桓公的死，是因他发现了一场奸情。

十五年前，为巩固齐鲁两国邦交，齐僖公将女儿文姜嫁给鲁桓公。文姜是当时著名的美女，鲁桓公又兴奋又猴急，觉得自己捡了个大便宜。

婚后的生活，对鲁桓公而言很甜蜜很满足，先后与文姜生下两个儿子。但文姜却流露出一丝异常，她似乎还在依恋着什么。

起初，鲁桓公并没有发现文姜的异常，直到公元前694年的那个春天。

那年春天，鲁桓公与文姜一同访问齐国。文姜回到娘家后，异常兴奋，开心得犹如情窦初开的少女。

当时，齐僖公已经去世，齐国的国君是其子齐襄公，他是文姜的哥哥。齐襄公同样异常兴奋，一副心猿意马的样子。

这种异常的兴奋，鲁桓公刚开始浑然不觉，直到，他看到赤条条的齐襄公趴在一丝不挂的文姜身上。

鲁桓公恍然大悟，他以为文姜的依恋是思念母国，他以为文姜入齐的兴奋是亲人相聚的喜悦，原来是思念齐襄公、再见情郎的喜悦！

堂堂鲁国国君，居然被大舅哥齐襄公戴了绿帽子！

可是，齐襄公却认为，鲁桓公分明是他与文姜的第三者。原来，早在文姜尚未出嫁，齐襄公还是公子时，兄妹俩就发生了不伦之恋。

齐襄公表面上对鲁桓公称兄道弟，恨不得为他两肋插刀，暗地里却恨不得插他两刀！

鲁桓公发现这段不伦之恋时，齐襄公浑然不觉。鲁桓公不想将事情闹大，毕竟这种事传出去他也颜面无光。于是事后找到文姜，严厉地训斥了她，并希望她能够痛改前非，回心转意。

然而，文姜非但没有改过自新的想法，反而将鲁桓公的责骂告知了齐襄公。齐襄公又心虚又气愤，为了掩盖奸情，他决定杀人灭口。在一次宴会上，齐襄公将鲁桓公灌得酩酊大醉，指使公子彭生将鲁桓公杀害。

齐强鲁弱，鲁桓公死了，鲁国人虽知齐襄公才是幕后黑手，却不敢找齐襄公算账，只是请求："鲁君畏惧齐君的威严，不敢安居，故而亲赴齐国拜访，可是礼仪还未修成，鲁君就不幸遇害，希望齐君能把彭生交给鲁国，一雪国耻。"

鲁国人的态度还算诚恳，齐襄公也不想背负杀害鲁桓公的罪名，便决定让公子彭生背黑锅。就这样，彭生被押送至鲁国，给鲁桓公血债血偿。

鲁桓公死后，鲁国人居然毫无芥蒂地立姬同为国君，他是文姜与鲁桓公的长子，因与鲁桓公同月同日出生，故取名为同，是为鲁庄公。

有意思的是，鲁庄公即位后，也娶了一个齐国宗室女，是为哀姜。哀姜和文姜一样，也是个生性放荡的女人。文姜和她的哥哥乱伦，哀姜便和她的弟弟乱伦，准确地说，应该是她丈夫鲁庄公的弟弟——小叔子庆父。

哀姜没有给鲁庄公生下一儿半女，鲁庄公死后，她便想让自己的情郎庆父当国君。哀姜与庆父狼狈为奸，先后杀死鲁国的两任国君公子斑和鲁闵公，在鲁国兴风作浪，弄得人心惶惶，民怨沸腾。

"庆父不死，鲁难未已。"齐桓公即位后，曾派大夫仲孙湫访问鲁国，仲孙湫回国后对齐桓公如是说。

齐桓公是齐襄公的弟弟。齐襄公晚年，齐国步老邻居鲁国的后尘，也发生了动乱，齐襄公被公子无知所杀。公子无知人如其名，他以为杀了齐襄公，自己就可以成为齐国国君，却不知自己又被大夫雍廪所杀。齐国再度陷入动乱，齐国公子姜小白在与公子纠的竞争中脱颖而出，成为齐国国君。

姜小白，这个名字萌萌的公子，便是大名鼎鼎的齐桓公。齐桓公是个"好管闲事"的诸侯王，他很喜欢那种替周天子统率诸侯路见不平拔刀相助当老大的感觉，所以，他决定出兵鲁国，替鲁国除掉庆父这个祸患。

但仲孙湫告诉他："庆父虽然坏，但罪名还不明显，现在杀他师出无名。不过，这货迟早会暴露他弑君夺位的野心，到时候再除掉他也不迟。"

果然，没过多久，庆父便勾结哀姜杀了鲁闵公，企图篡位。但，齐桓公还没来得及出手，鲁国国人便因痛恨庆父，发生了暴动，庆父狼狈逃亡莒国，情人哀姜则逃亡邾国。莒邾两国相距不远，庆父和哀姜仍在暗中勾结，野心不死。

庆父逃亡后，其弟季友在国人的支持下，立鲁闵公之弟姬申为国君，是为鲁僖公。鲁僖公即位后，决定严惩庆父，以除后患。在鲁国的请求下，莒国将庆父遣送。庆父自知罪孽深重，回到鲁国后绝无善终，恐惧之下，自杀身亡。

庆父虽死，但庆父的家人并没有遭到鲁僖公的清算，庆父的后人三桓之一的孟孙氏仍在鲁国非常显赫，而且后嗣繁茂。

若干年后，庆父的一支后裔，因在鲁国失去权势，迁徙到临近鲁国的邾国。这支后裔在邾国凫村（今山东曲阜凫村）定居，取孟孙中的孟为姓，数十百年来默默无闻，直到一个小男孩的诞生。

事实上，这个小男孩出生时，并没有给庆父的这支后裔带来任何明显的变化，除了家里多了一张吃饭的嘴。待这个小男孩渐渐成长，成了老男孩，扬名诸侯列国间，这支后裔才渐渐为人所知，声名显赫。

然而，这样的风光并没有持续多久，随着老男孩的离去，家族很少再出现风云人物，这支后裔又渐渐沉寂。

就这样，沉寂大约一千年，在这支后裔几乎湮没无闻时，又出现了新的转机。

中唐年间，有一个叫韩愈的男子，一天，他开心得如获至宝，摆出一副众人皆醉我独醒的样子："那个在凫村出生都快被世人遗忘的老男孩，其实是个圣人，他是尧舜之道的继承者，是孔子的接班人，他的功劳不在大禹之下呢！（尝推尊孟氏，以为功不在禹下者！）"

这位一语惊醒梦中人的韩先生，正是我们所熟知的唐宋八大家之一韩愈。而他所说的老男孩，正是世界级的思想家亚圣——孟子。

等等，有点儿乱，你一定想这样说：孟子在中唐以前默默无闻？孟子居然是庆父的后裔？

一个是儒生痛斥的乱贼臣子，一个是儒生仰望的大儒亚圣，这两人似乎风马牛不相及，竟然是一脉相承的家人；或者说庆父是孟子的反面，居然是孟子的祖宗！

这样的身世对孟子来说，是很尴尬的，他提倡仁义忠孝，可他的祖宗却是个不仁不义不忠不孝的奸臣。即便孟子不尴尬，后人也替他感到尴尬。庆父这个挨千刀的，他怎么配当孟子的祖宗？所以，有学者说，孟子其实不是庆父的后裔。可惜，这种观点证据不足。

东汉有位叫赵歧的先生说："孟子，鲁公族孟孙之后，故孟子仕于齐，丧母而归葬于鲁也。"这种观点，得到绝大多数学者认同。

这很尴尬，但确实也是事实。

你一定很想知道，孟子会如何评价他的祖先庆父。

孟母三迁，孟爸呢？

第一与第二，只有一步之遥，甚至只有毫厘之别，但待遇却千差万别。

世人永远只记得第一。

孔子是儒家的一号人物，毫无疑问，孟子则是第二号人物。但孟子在死后的一千年里，在儒家的地位却比他的身世还尴尬，他不像孔子那样是开山祖师，也不像荀子那样有高徒争脸，他仅仅只是个没有太多特色的大儒。

可是，自儒学诞生到中唐一千年来，儒家中的著名学者层出不穷，犹如中国乒乓球队的冠军。在群星璀璨的冠军中，谁还会记得这个亚军？

多亏还有韩愈先生的存在，他醍醐灌顶般地发现，孟子其实是个力挽狂澜的人物，他继承并发扬了儒家的优良传统，使在战国时处于低潮的儒家复兴，之后才有后世儒学一家独大的鼎盛形势。

这时候，孟子的特点才渐渐鲜明，才渐渐得到统治者的推崇，后被元文宗追封为邹国亚圣公，又被嘉靖皇帝尊为亚圣。

由于被冷落得太久，当一千年后人们再回首孟子时，除了一本《孟子》外，其他的历史资料非常有限。

有限便也罢了，却又给人留下一个千古谜团，让人欲罢不能。

孟子的父亲是谁？

很少有人提到孟子的爸爸，但孟子不是孙悟空，可以从石头缝里蹦出来，他总得有个亲生爸爸。

人们倒常提及孟子的母亲。孟子的母亲江湖人称"孟母"。但孟母姓甚名谁？

孟母姓仉，相传是晋国人，相比孟爸爸的寂寂无闻，孟母家喻户晓，"孟母三迁"的故事同样妇孺皆知。

众所周知，中国古代是个男权社会，女子的地位虽在不同时代有所不同，如汉唐时代女子再婚数见不鲜，秦朝甚至还有法律规定：妻子杀了出轨的渣男丈夫——无罪，但整体上女子仍屈服于男权之下。

也正因如此，孟母三迁便给人们带来了一个千年困惑：孟爸呢？

搬家可不是小孩子过家家，这是涉及家庭生存立足的大事，哪轮到孟母一个女人说搬就搬？

搬一次还嫌不够，还搬两次。搬两次也就罢了，还在短时间里，频繁地搬两次。

搬家不要钱啊？

即便是租房子，也不免劳民伤财。何况，以当时的市场经济条件，很难想象孟子一家租房生活，也即孟母每搬家一次，都是对孟家财产的一次伤害。这样频繁的伤财，恐怕连马云都要忍不住骂一句："真是个败家娘们！"

可孟爸居然一言不发！

或者，孟爸也有脾气，只不过史无所载，但孟母能成功三迁，可见孟爸的脾气在孟母的决心面前，不堪一击。

那么，孟母为何非搬不可呢？

完全是为了孟子的学习，给孟子提供一个良好的学习环境。

话说，孟子年幼时，孟家的房子靠近墓地。家附近经常举行丧事，小孟子耳濡目染，渐渐对丧事产生兴趣，他和小伙伴们做游戏时，还模仿丧葬的礼仪。孟母看到后忧心忡忡，她说："我家小孟怎么能住在这个鬼地方呢？"

可见，孟母认为做殡葬工作是很没出息的事情，至少她不希望孟子将来长大后，从事这个行业。

于是，孟母把家搬到集市旁。家附近熙熙攘攘，叫卖声不绝于耳，好不热闹。小孟子很开心，又耳濡目染，他和小伙伴们做游戏时，便模仿大人们做买卖。孟母看到后又忧心忡忡，她说："我家小孟怎么能住在这个鬼地方呢？"

可见，孟母认为经商也是很没出息的事情，至少他不希望孟子将来长大后，从事这个行业。

于是，孟母又把家搬到学校旁。家附近萦绕着琅琅书声，孟子耳目濡染，对教学和礼仪渐渐产生兴趣，他和小伙伴们做游戏时，也模仿学校的场景。孟母看到后终于心花怒放，她说："我家小孟就适合在这种地方生活。"

可见，孟母是个很传统的女性，她认为"万般皆下品，唯有读书高"，至少他希望孟子将来长大后，从事教育行业。

孟母似乎并没有充分尊重孟子的意愿，其实孟子小时候，兴趣挺广泛，他不是连丧葬礼仪也曾颇感兴趣吗？孟母只是按照自己的意愿，给孟子规划人生，但不得不佩服，孟母取得了出奇的成功。

其实，孟母的所作所为，和今天的中产家庭，为孩子的教育问题奔波极为相似。或者说，当代的父母在效仿孟母。但也不尽然，天下父母，人同此心。

记得印度有部讲述孩子教育的电影——《起跑线》，影片中家境条件优渥的父母，为孩子的教育也做过类似孟母三迁的事情——将家从低档小区搬到高档小区，希望孩子能在更好的环境熏陶下成长。但为了获得贫困家庭救助名额，让孩子进入名校学习，他们又把家从高档小区搬入贫民区，装穷人。

影片以一种幽默的方式讽刺了这对父母的所作所为。最后，这对父母终于意识到自己的错误，虽然没有真正从高档小区搬出来，但已不固执于为孩子选择名校，而是将孩子送入一所教育环境普通但学风积极向上的公立学校。

给孩子提供良好的生活教育环境固然重要，但何谓良好值得商榷。让孩子多融入社会，接触各行各业的人，多长出一点儿地气，也未必是件坏事。

历史上许多伟大人物都出身底层，或曾生活在鱼龙混杂的俗世中，纵然连孟子的偶像孔子，也曾说"吾少也贱，故多能鄙事"呢！

孟子固然成为一代大儒，但政治上毫无建树，教育上也乏善可陈，不如孔子那样高徒辈出。这恐怕与孟子的生活环境有关，从小在书本与礼仪中熏陶，缺乏丰富的社会阅历与社会活动实践经验。

呵，看到这里，大家千万不要产生误会，并没有因此否定孟母三迁，但孟母三迁应该适当地继承，而不应该变态地发扬。

回到前文，孟爸当初到底有没有反对孟母三迁？

孟爸的信息，比孟母的信息还少，除了知道孟爸名叫孟孙激（或孟激），他的生卒年月、人生履历一概不知。

有人说，孟爸不可能反对孟子三迁，因为在孟母三迁时，孟爸早已去世。持此观点的人，还为数不少，包括"权威人士"，三迁故事的某个版本的开篇，就言之凿凿地说道"昔孟子少时，父早丧，母仉氏守节"。

还有学者若有其事地指出：孟子可怜呀，才三岁，他的父亲就离他而去。说得好像他和孟子是亲戚，亲眼目睹孟爸去世似的。

其实，孟爸并没有在孟子幼年去世。我这个后生小子为何如此肯定？

答案还得在后文中寻找。

那么，问题就变得更具体：

孟爸没有英年早逝，孟母频繁搬家很伤财，孟爸为何没有抗议？

由于历史资料有限，这显然是一个开放性问题，我们不妨大胆地假设：孟爸其实是个妻管严。

孟爸负责挣钱养家，孟母负责怎么花。

孟家家里家外的重大事情，孟母具有绝对的发言权，她既负责操持家务，也负责孟子的教育，而孟爸就像任劳任怨的老黄牛，默默无闻地为家庭奉献。正因为孟爸做的都是幕后工作，所以在有限的历史资料中，并没有孟爸的身影。

堂堂亚圣之父，居然是个妻管严，这看似很不可思议。其实，妻管严不是件丢人的事，俗话说得好：世上没有怕老婆的男人，只有尊重老婆的男人。倘若家中有个孟母这样的贤妻，当个妻管严也未尝不可。

历史上许多知名人物，如隋文帝杨坚、名相房玄龄、民族英雄戚继光等人，均是大名鼎鼎的妻管严。

如隋文帝有次偷腥被独孤皇后发现，独孤皇后一发飙，吓得他负气离家出走，一副很委屈、很可怜的样子，向追来的大臣抱怨道：当皇帝还这么悲惨，一点自由也没有。抱怨完，又乖乖回宫向独孤皇后道歉。

但，这并不妨碍他成为流芳百世的伟大人物。

孟爸虽然没有像孟母那样，留下家喻户晓的教子故事，但这不意味着他不是个伟大的父亲。从孟子年幼时的生活条件来看，孟家虽然已沦为平民家庭，但家境也堪称殷实，这离不开孟爸的付出。

经济基础决定上层建筑，如果没有孟爸的"赚钱养家"，就没有孟母的"孟母三迁"，孟子也不可能从小接受良好教育。孟爸可能是个少说多做，把身教看得比言传更重要的人。

无疑，这样的思想观念，也深深地影响了他的夫人仉氏。

孟母后悔了

若干年后，孟子对学生说："大人者，言不必信，行不必果，唯义所在。"

他教育学生，一个思想境界很高的人，说过的话不必守信，偶尔扯扯淡也可以；做事情也不必一根筋做到头，偶尔半途而废也可以。关键是，你这样做符不符合道义。

但孟子记忆犹新，在他很小的时候，他的妈妈孟母就不厌其烦地教导他："做人一定要讲诚信，不要和陌生人说谎，亲人更不可应该。"

连周杰伦都说过"听妈妈的话"，孟子为何不听从妈妈的谆谆教诲呢？

其实，孟子小时候对妈妈的话言听计从。妈妈为了让他相信自己的话，还让孟子尝过甜头。

孟子小时候是个好奇心很强的孩子，有次，邻居家里正在杀猪，小猪的嚎叫声让小孟子殊为不解。他不明白，这些大人干嘛和一头猪过不去？或者，他不知道邻居家无缘无故杀猪干什么。

从小，孟母就是孟子眼中百科全书式的人物，孟母似乎什么东西都知道，疑惑的孟子下意识地向母亲求助："妈妈，妈妈，邻居家杀猪干什么？"

孟母正在忙事情。以前，孟子每次好奇心发作，孟母总会耐心给他解释，但孟母也是人，不会每次都那么有耐心。比如这次，她就很烦小孟子，连人家杀猪也要管，于是随口敷衍道："杀猪给你吃！"

孟子嘿嘿一笑，脑海中登时飘来香喷喷的猪肉，心里想着这怎么好意思呢？

小孟子就是这样知书达礼。

孟母看到小孟子那一脸憧憬的样子，知他当真了，后悔不迭。

孟母扪心自问："为何要欺骗小孟子？仅仅是因为她觉得儿子烦人。可烦人就能欺骗儿子吗？孟母无法原谅自己。"

小孟子蹦蹦跳跳地离开后，她自言自语道："我怀着小孟时，席子不正不坐，肉割得不方正不吃，有人以为我太矫情了，其实我是想做好胎教。如今，小孟都懂事了，我却反而欺骗他，妈不是这么当的。"

为了弥补对孟子的愧疚，为了实行对孟子的身教，孟母于是偷偷来到杀猪的邻居家，买了一些肉，做了一道香喷喷的肉食给他吃。

这件事记载于《韩诗外传》。有意思的是，《韩非子》中也记载了一个相似的故事，只不过主人翁变成了曾子和他的儿子，卖肉教子变成了杀猪教子。

在圣母孟妈妈的言传身教下，小孟子渐渐明白诚信这个朴实且普世的道理。但是，他为何后来又教育学生："言不必信"呢？

这是因为，孟子已经修炼到更高层次，透过表象看本质。

人为何要诚信？不是因为诚信这两个字本身有多么大的魔力，而是通常情况下这样做更有利于人们生存。倘若社会充斥着尔虞我诈，人人都欺上瞒下，整个社会就会失序紊乱，严重影响社会的进步和发展，这一切恶果最终都将由人类自己买单。

但是，人不能死脑筋，得随机应变，特殊情况特殊对待，比如面对心理素质差的重病患者，这时候选择与他实话实说，还是编造善意的谎言？我想，绝大多数人都会选择后者，道理大家都明白。

总之，诚信只是手段，不是目的，目的是让世界变得更美好。

但在社会中，却常常出现本末倒置的情况，误把手段当作目的。

孟子能以一种微言大义的方式，向学生深度透析这个朴实的道理，弥足珍贵。

毫无疑问，这种超凡脱俗的卓越见识，是孟子在深刻理解诚信重要性的基础上，才循序渐进一点点地领悟出来。不可能在缺乏前者的基础上凭空领悟出后者，就犹如万丈高楼不可能没有地基。

人的见识与觉悟，也不能拔苗助长，连自己祖国都不爱的人，却妄谈自己爱全世界，这样的人绝对是伪君子。

思想的进步，是一个漫长的过程，尽管孟子后来对诚信见识卓越，但在孟母"卖肉教子"时，他恐怕完全没有体会到母亲的伟大。

这是为什么呢？

孟子就这么麻木不仁？

不是小孟子麻木不仁。而是以小孟子的智商，还无法领悟母亲的深意。

中国人惯于美化成功者，或者，这是人类的通病。当一个人功成名就后，他早年那些寻常的往事，往往被人为地笼罩一层神秘的面纱，渐渐地变得不平凡。

人们总是坚信，一个人成功必有成功的道理，必须从他的生活轨迹中总结成功的经验，于是他所经历的每一件积极的事，其意义都被无限地夸大，并被人们奉为圭臬，流传、继承并发扬光大。

当然，这未必是件坏事。但是，倘若如后世儒生所说，小孟子因经历孟母"买肉教子"一事，就立刻变成一个非常诚信的人，这就属于脱离实际的无限夸大。

其实，孟母"买肉教子"，与其说是教子，不如说是教父母。因为孟子当时根本不知道其中隐情，母亲给他做美食，他哪能联想到诚信？孟母买肉，是弥补她对孟子撒谎的愧疚，也是自己犯错之后的补救措施。因为如果孟母不买肉，孟子就会认为母亲欺骗他，这不利于对孟子的教育。

所以，更应该在这个故事中吸取经验的，反而是父母们：千万不要欺骗孩子，自己对孩子撒过的谎，含着泪也要把它圆回来。

在孟母言传身教下，小孟子一直健康幸福、循规蹈矩地长到七岁，到了发蒙读书的年龄，孟母便将他送入学校读书。

小孟子的学校就在邹国，且离家不远，他的老师是一位谦谦有礼的儒生。但是，没人知道小孟子老师的姓名，小孟子出名以后，也似乎从未公开提过自己的老师。

有人认为，孟子的老师学识平庸，名气也不大，孟子出名以后，认为提他不够上档次，所以选择不提。

孟子的后裔学者孟祥才先生就持这种观点。

不过，孟子的老师虽然籍之无名，但孟子的师公却大名鼎鼎，他便是孔子的嫡孙——孔鲤的儿子——大儒子思，被后人追封为"述圣公"。

孟子出名以后，想必经常和别人提及他的师公。

别人问他："孟夫子师承何处？"

孟子："我的师公是子思。"

别人以为他没听清楚："我想请问，您的老师是谁？"

孟子："我很遗憾不能当孔子的学生。"

别人急了："老师！我问的是您的老师！"

孟子："我从小就受到我妈妈以身作则的教育。"

别人：……

所以，连司马迁先生也不知道孟子的老师是谁，只好长叹一声，无奈地在孟子的传记中写道："受业子思之门人。"

由于老师的教学水平欠佳，提不起孟子的兴趣，所以孟子的成绩很普通。一次，小孟子放学回家，一副吊儿郎当的样子，孟母看到他就上火，但还是按捺住火爆脾气，问："你学习怎么样啦？"

小孟子见母亲正在织布，以为她只是随口一问，便没放在心上，也只是随口一答："不就那样！"

孟母开始冒火："那样是哪样啊？"

小孟子这下老实许多："还和从前一样。"

孟母冷着脸，一声不吭，随手将织好的布剪断。

小孟子一见这种情况，就知道母亲要发飙，准确地说比发飙更厉害。寻常父母，发完飙，怒气已泄，该咋样咋样，孩子再犯同样的错误，只要心情好，也可能一笑了之。但孟母不同，她会死死盯住孟子，直到孟子彻底改正为止。

一想到这里，小孟子就害怕，越害怕越不由自主地跟着孟母的步伐，好像他是孟母手中的提线木偶，问："妈，你这是想做什么？"

孟母说："你学习就好比我织布，不能断，一断就没用了。你是不是觉得妈妈干这活辛苦？你若不好好学习，将来会干一辈子辛苦活！"

以前农村的父母，也往往是这样教育孩子，但孩子们依旧我行我素。比这更深刻的方法也试过，但孩子们还是屡教不改。

汉朝有位叫刘向的先生，他是刘邦的哥哥楚王刘交的后代，汉朝知名文学家，也是该故事的作者，但他老人家告诉我们：小孟子因母亲这一席话，从此发奋学习，终于成为一代大儒。

孟子如果知道刘老师这样点评他的往事，一定会哭笑不得：我当时努力学习，不过是怕我妈而已。

若干年后，孟子回首往事，他这一辈子，绝大多数时间都在与男人打交道，无论王侯将相，他都傲然俯视，但唯独不敢得罪女人。

年少时，对母亲言听计从。

成家后，对老婆无可奈何。

孟子还记忆犹新，那一年，他几乎被老婆气得离婚。

等待

在孟母督促下，孟子寒窗苦读十二年。

寒窗苦读的第十年，孟子差点没坐住冷板凳。

那一年，孟子十七岁，正值一个朝气蓬勃、志向远大的花样年华。

孟子听说，秦国来了个叫卫鞅的人，向秦君嬴渠梁鼓吹变法。一听到变法，孟子就打起十二分精神，很想知道卫鞅在玩什么花样。

多年的儒学熏陶，让孟子骨子里有点儿抵触变法，但当时变法强国是国际潮流，孟子也认为墨守成规或维持现状不靠谱。

后来，孟子又听说，卫鞅的变法，不是恢复圣王之道，而是崇尚法制，主张严刑峻法治国，让仁义退居次要地位。

本来，孟子听说卫鞅排除万难游说秦君变法，还对他挺佩服的，但得知他是个绝仁弃义的法制狂人，又开始反感他、鄙视他，更加觉得自己了不起：连卫鞅这种人都可以辅佐一国变法，我孟轲为什么不能？

一骄傲，孟子就更加坐不住，恨不得马上游说列国，建功立业。

实事求是地说，当时的孟子虽然年轻，但却有扬名立万的机会。

这是让孟子坐不住冷板凳的第二个原因。

这一年，齐国稷下学宫开始招徕游士。

稷下学宫是齐国的最高学府，因地址位于临淄稷门附近得名。它是一所官办、私人主持的学术交流与政治讨论的场所，汇聚了当时各门各派的众多著名学者。它开放包容，不论国别、年龄、资历，也不论何种政治倾向，只要具有真才实学，都能得到稷下学宫的热烈欢迎，而且待遇优厚。

和所有略有所成的年轻人一样，孟子自信勃勃，藐视众生，他相信自己如果去稷下学宫，一定会得到隆重的礼遇，一定会成为最耀眼的一颗明星。

但是，孟子没有动身。

为什么？

没有为什么。我不知道。

两年后，孟子出师，开始收徒教学。

这时候，孟子才十九岁，在别人眼中，他还只是个初出茅庐的后生，孟子的教学事业可想而知。

只能教教小朋友。一个小学老师，没脸面去稷下学宫那种高级学府。况且，他已在两年前错过前往稷下学宫的最佳时机。

此时的孟子，唯有等待。

等他有点儿名气，等他有点儿空闲，更重要的是，等他遇到入齐的机会。

他需要一个机会，不是想证明他有多么了不起，他是要告诉别人，这个时代失去的东西，他一定要拿回来。

这是孟子终生矢志不渝的理想。

那么，这个时代究竟失去了什么？

好的开始

孟子
战国逆行者

齐威王是个昏君。

这不是孟子说的，齐国人都这么认为。

他比孟子还大六岁，但他显得很不成熟，仿佛是孟子的晚辈。

他即位后，只干了两件事，第一件事是喝酒，第二件事是泡妞，没日没夜，不眠不休，齐国人看在眼里急在心里：这下齐国完啦！

不仅好色好吃好逸恶劳，他还举止轻浮，没个正形。

一天，他突然对稷下学宫的首席学者淳于髡说："请您给太子当老师。"

淳于髡说："我不干，你另请高明。"

齐威王噘着嘴："干嘛不干？"

淳于髡说："我能力弱爆了，怕教不好。"

齐威王一跃而起，做出一副鬼脸："那你担心什么！寡人又没让你把太子教得像寡人一样英明神武，你就把他教得像尧帝一样就行了。（子为寡人令太子如尧乎）"

淳于髡低着头，想给他两巴掌，让他清醒清醒。

齐威王却还挺来劲："实在不行，你就把他教得像舜帝一样。"

淳于髡："……"

有人一口老血喷出几丈远，比淳于髡还愤怒，在书中画个圈圈诅咒他：这样的混蛋，迟早要完（今自以贤过於尧舜，彼且胡可以说哉？说必不入，不闻存君。《吕氏春秋·壅塞》）。

其实，所有人都误会了齐威王。

但孟子没有误会。严格来说，孟子其实也误会了齐威王。

齐威王的荒淫无道放荡不羁，只是他的韬晦之计，他和那个时代所有杰出的君主一样，也是一个野心勃勃的人。

齐威王的韬晦，有他不得已的苦衷。

他的爷爷是叛徒，他的爸爸也是叛徒，他是老叛徒的孙子、大叛徒的儿子，有人把他当作小叛徒。

齐威王的爷爷名叫田和，原本是姜氏齐国的相国，他的祖上则是陈国的落难公子田完，被齐桓公姜小白收留。姜小白对田完很仗义，高官厚禄伺候着，可田完的子孙却对齐国很负义，把齐国的权力当作自家田里的麦子，时机一到就收拾一次，又采用大斗借米小斗还的手段收买人心，渐渐将齐国公室架空。

到田和继任齐国相国时，齐国公室早已名存实亡，在位的齐康公又很不争气，是个酒色之徒，齐国人巴不得他倒台。就这样，田和顺势将齐康公放逐海岛，自立为君，是为田齐太公。"齐国集团"从此换了股东。

田和只做了两年国君，临死，将君位传给长子田剡。

他的次子田午很强势，听说爸爸将君位传给大哥，暗地里气得龇牙咧嘴。他想："在政治场上，反正父亲也不是什么好东西，作为他的儿子，也别人模狗样地装好人，说出去都没人信。"

于是，在一个适合行凶作恶的日子里，田午把大哥田剡送去见老爸了。为了不给自己添堵，也顺便不让大哥寂寞，田午把田剡的儿子田喜也送了下去。就这样，田午强势即位，是为齐桓公。

田午即位那年，齐威王已经4岁，他是这段血腥宫廷史的见证人之一。

在这样的政治背景、家庭环境下成长的齐威王，既缺乏安全感，也缺乏对人的信任，这也难怪他在即位之初，装疯卖傻，自藏武功。

但装到什么时候才是个尽头？

和孟子一样，齐威王也需要一个机会。

有一天，齐威王正在后宫"胡闹"，乘他休息的当儿，淳于髡问他："国中有一只大鸟，不飞也不叫，停在国君的庭院中像只死鸟一样，整整三年了。大王可知，这是只什么鸟？"

齐威王脑袋轰隆一炸，就想赏淳于髡一巴掌，那只死鸟可不就是说的寡人？不过，享受多年君子教育熏陶的灵魂，不容许他有这样粗莽的行为，齐威王淡淡一笑："这只鸟是神鸟，不鸣则已，一鸣惊人。"

淳于髡心想："那咱们走着瞧！"

又有一天，齐威王正一个人闷在屋子里，沉醉在自己并不特别美妙的琴声中，陶冶情操。突然，有个乐师推门而入，事先连招呼也没打。齐威王敏捷地推开琴，按住宝剑，如临大敌，却见这乐师脸上洋溢着花儿般灿烂的笑容，赞美道："国君这琴弹得真不错！"

齐威王冷着脸："胡说！你才进门，知道个屁！"

这乐师一副若无其事的样子，滔滔不绝地说了许多，居然将音乐与政治联系起来，头头是道，并委婉地向齐威王表示："齐国的相国，非我莫属。"

齐威王大吃一惊，却反而放松了戒备，尽管他当时心里未免还有那么一丝不服气，但还是忍不住给乐师点了个赞。

没多久，这名"胆大包天"的乐师就被齐威王任命为相国。

这名乐师名叫邹忌，正是"邹忌讽齐王纳谏"的邹忌，一个集英俊与才华于一身的奇男子。

自遇到邹忌后，齐威王仿佛变了个人似的，一改往前的昏庸无耻，变得英明大度、求贤似渴、励精图治，凡是明君所拥有的优点，他都具备。

有人说，这就是帅哥的力量。但齐威王想说——这是知音的力量，这是同志的力量！

淳于髡早有贤名，邹忌也已崭露头角。齐威王经过几年的暗中观察，将朝中形势摸得一清二楚，谁敌谁友、谁贤谁恶他已了然于胸，又得到两位贤才的辅佐，他这只神鸟此时不飞，更待何时？

孟子的情绪也随着齐威王的展翅高飞而高涨。为体现自己治理齐国的决心，也为吸引更多人才建设齐国，公元前347年，齐威王下令招徕游学之士，邀请学者们入住稷下学宫，参与政治建设讨论。

上一次齐国大规模招贤，还是九年前，那时孟子只有十七岁，虽然稷下学宫招贤不限年龄资历，但孟子还是没有入齐。

而这一次，孟子已经二十六岁，在学业和教育事业上已小有成就，何况他为这一天已苦苦等待多年，所以这一次他想也没想，义无反顾地投奔稷下学宫。

如孟子所料，他抵达稷下学宫后，受到校方隆重欢迎，并顺利入住稷下学宫。在这里，他还迎来了自己教育事业的第一春。

齐国人公孙丑听说孟轲也到了稷下学宫，也许，他早就仰慕孟子的学识和人品，所以非常高兴，恭恭敬敬地拜访孟子。

公孙丑这人资质平庸，但为人还算有自知之明，比较谦虚。只不过，孟子有一点不太满意公孙丑，孟子和他交谈时他总是跑偏，明明谈的是仁义之道，他却总不经意将话题转移到霸道上，尽管他明知孟子很排斥霸道。

孟子问他："你为什么老是谈霸道？"

公孙丑一副天真无邪的样子，说："齐国以前就是霸主国啊。"

孟子往心里啐了一口："齐国人就这出息！"

但孟子没有把他的不屑表现在脸上，而是摆出一副不知者无罪的表情，说："你跟我多学几年，就知道霸道有多么不靠谱了。"

然而，孟子当时绝对没有料到，多年以后，虽然公孙丑跟了他许多年，但还是有意无意地体现出他对霸道的青睐。不过，孟子并没有因此冷落公孙丑，恰恰相反，公孙丑一直是他最信任与器重的弟子。

也许，这就是第一次的不同意义吧！公孙丑是他所收的第一批"外国"弟子。

相比公孙丑，陈臻的资质不凡，不过让孟子很头疼，他会不时地质疑老师的行为。陈臻也是齐国人，而且在齐国还有些背景，在政坛掌握着较为广泛的人脉关系，孟子当初收他为徒时，还挺有几分成就感。

因为出身不凡，陈臻对经济问题比较感兴趣，这是孟子的短板。孟子最担心陈臻问他经济问题，好在陈臻比较善解人意，又对孟子的思想和性格比较熟悉，所以也不会让老师难堪。孟子很喜欢这样懂事的学生，还带着他周游列国。

公都子也喜欢质疑孟子。他也是齐国人，也是在孟子这次入齐时，拜孟子为师。不过，公都子与陈臻不同，陈臻有一说一，不藏着掖着，公都子却喜欢借他人之口说事。每次别人说孟子的坏话，公都子觉得有道理，就把这话转述给孟子，还装出一副求知若渴的样子，问："人家说得对不对？"

孟子一见到公都子玩这种把戏就冒火，所以他回答公都子的问题时，往往很激动，也说得很精彩。但公都子有时听从，有时却把老师的话当耳边风。

但孟子之所以收公都子这个刺儿头为徒，是因为公都子也有过人之处。公都子比较喜欢哲学问题，和孟子讨论的话题比较有深度，而且他颇有士人风骨，安贫乐道（估计他不安贫乐道也不行，想做官，也得有人要啊）。

公都子还有一个优点，当他遇到疑惑时，从不不懂装懂，而是谦虚地向孟子请教。他一旦认可孟子的观点，往往还能够灵活运用，举一反三。

万章的头脑，显然就不如公都子灵活。他也不如陈臻背景深厚，甚至还没有公孙丑那么棱角鲜明，但他却是孟子最器重、最信任的学生，没有之一。

万章也是齐国人。他就是人们眼中的三好学生，勤学好问，尊师重道，成绩优异。更难能可贵的是，他情商过人，心细如发，具有较强的经济与管理能力，并非不谙世事的书呆子。孟子自入齐收他为徒后，就一直让万章跟随他，将门下的日常事务都交由他打理。直到晚年，万章还陪伴孟子著书立述，度过余生。

如果将孟子门下弟子按资排辈，万章无疑是大师兄（不是大师兄也是二师兄，大师兄也可能是公孙丑）；如果将孟门看作一个教育集团，孟子是董事长，毫无疑问，万章就是总经理。

不过，在孟子看来，万章也有缺点，他对圣人之道还不够虔诚，偶尔还会对自己提出质疑。万章最喜欢质疑的，是舜

好的开始

帝。公都子也喜欢质疑，他质疑的恰是老师孟子。孟子对这两者都很讨厌，当然，他更讨厌的还是公都子质疑他本人。

入齐后，孟子除了收徒教学，也渐渐与齐国官僚阶层打交道。与孟子聊得最投缘的，莫过于齐国名将匡章。不过，刚和孟子交往时，匡章的知名度并不高。但严格来说，也不是不高，齐国很多人都认识匡章。

只是，齐国人认识匡章，是通过一件丑闻。

匡章的家庭情况很复杂。他的母亲名叫启，他的父亲有暴力倾向，有一次，他的母亲只因得罪他的父亲，就被父亲杀死，埋在了马棚下。匡章作为儿子，即便无力化解父亲对母亲的仇恨，按理也应该改葬母亲，可他明明有能力改葬，却没有行动。

齐国人因此认为匡章不孝。但匡章说，他自己也有不得已的苦衷："父亲没有准许他改葬母亲，他哪敢？违背父亲的意愿，岂非不孝？"

但事实似乎又并非如此。

匡章没有改葬母亲，与父亲的关系似乎也不和睦，两人一度形同路人。为此，匡章还做出一个近乎疯狂的决定，将老婆、儿子赶出家门，一个人独守空房。

齐国人因此更觉匡章不孝。非但如此，有人还怀疑他可能是个变态，与父亲关系不睦可以理解，把老婆、儿子扫地出门这是为何？

公都子也很不理解匡章的所作所为，但他更不理解，孟老师为何要与匡章这个身负丑闻烂大街的人交朋友。

不懂就问是公都子的优点，也是公都子的缺点，因为他从来不理会问题有多尖锐。

"学生想冒昧地问一下老师。"这是公都子第一次质疑孟子，而且他这时和孟子的关系还不是特别熟，难免有点儿拘谨，以后就没有这么客气了。

孟子还是像往常那样，不徐不疾："请说。"

公都子特意摆了个Pose，以表明他虽然质疑孟老师，但还是对孟老师很尊敬。他说："匡章这货，齐国所有人都说他不孝，老师天天讲做人要孝顺，那干嘛和不孝顺的人往来？"

孟子心往下一沉，他没想到公都子居然提出如此尖锐的问题，这是他第一次被学生如此质疑。还没等孟子恢复平静，公都子又愤愤道："老师和他交往就算了，还对他那么客气，这又是为什么？"

公都子见孟子脸色有变，接下来，他便不再多言，只是静静地等待孟子回答。

孟子暗自松了口气，原来这就是公都子的问题，他没有思考，如实回答："原因很简单，我不觉得匡章不孝顺。"

"是吗？"公都子质疑的语气让孟子很讨厌。

"那好，我就问你匡章哪里不孝？"一听到公都子阴阳怪气的语调，孟子就不免激动："所谓不孝，通常有五种情况：一是懒惰不养父母；二是好酒好赌不养父母；三是贪财，爱老婆孩子，却忽视父母；四是放纵耳目之欲，让父母蒙羞；五是好勇斗狠，连累父母。请问，匡章有这其中的哪一条？"

孟子对不孝的概括，实在太局限，但公都子不敢和老师顶嘴。不过，孟子接下来的话，却也有几分道理，他说："匡章最大的错，只在于得罪父亲，被父亲疏远。可是，他见自己的父亲不能与老婆、儿子欢聚一堂，就把自己的老婆、儿子也赶出家门，与父亲同受寂寞之苦，这其实也是孝顺父亲的体现啊！"

公都子不再多言，私下却这样想："做匡章的老婆、孩子真是倒了八辈子霉，他自己得罪父亲，不想办法和父亲和好，却把无辜的老婆、孩子赶出家门。"

冷落与嘲讽

公都子不敢和孟老师顶嘴，淳于髡可不会客气。

淳于髡是齐国著名学者，又是齐威王眼前的红人，地位和名气都在孟子之上，当时的孟子和他的差距，大概相当于周知惟和周杰伦的差距。

但是，孟子却未必瞧得起淳于髡。

淳于髡虽然有钱、有势、有地位，但心中一直有个遗憾，让他总矮人一截，是实实在在的矮人一截：他和晏子同病相怜，身高对不起观众，史书记载不满七尺，保守估计不超过一米六，甚至可能在一米五以下。

当然，孟子不会以貌取人。更让淳于髡尴尬的是他的身份——齐国赘婿，也就是说他是个倒插门。孟子虽然管不住老婆，但这并不妨碍他有点儿"直男癌"，对淳于髡这样的男人另眼相待。

淳于髡其实也不太瞧得起孟子。至少，在淳于髡与孟子正式交往前，他持这样的态度。

孟子与"烂人"匡章交往的事，弄得临淄城人尽皆知。淳于髡很不齿孟子的所为，这倒不是因为他交友不择，而是他说一套做一套，满口仁义道德，却又与不道德的人称兄道弟。

淳于髡也能言善辩，他决定拆穿孟子虚伪的面目。

"听说礼制规定，男女授受不亲，真的有这回事吗？"淳于髡一和孟子交谈，就给他设下一个套。

孟子浑然不觉，十分配合地往套里钻："是有这么回事。"

"这就对了！"淳于髡暗自窃喜，问："那么，如果嫂子掉河里了，能否伸手拉她一把？"

淳于髡以为自己稳操胜券，如果孟子回答不拉，他就说孟子见死不救，不仁不义，违背他鼓吹的仁义之道；如果孟子回答拉，他就说孟子是个色狼，占嫂子便宜，违背他鼓吹的礼制。

孟子还是没有察觉淳于髡的阴谋。孟子和淳于髡比阴谋，就犹如赵括和白起比杀人，结果只可能被白起逼得自杀。但有时候无心插柳柳成荫，孟子的回答，却恰好让淳于髡哑口无言："当然拉，如果不拉，那不是禽兽吗？男女授受不亲，是礼制；拉落水的嫂子一把，是权变。人既要守规矩，也要懂得权变。"

淳于髡"嗯嗯啊啊"半天，却不知如何反驳孟子，他明明是个机智多变的人，却被孟子说得仿佛是个不知变通的书呆子。他出使列国多年，折冲樽俎，舌辩群贤，还从未遭遇如此尴尬的场面。

过了许久，他才想到一句有点儿文不对题的话化解尴尬："呵呵，如今天下大乱，老百姓犹如掉入水中，你那么能，咋不拉百姓一把？"

淳于髡说完很后悔，他应该掉头就走。事实证明，如果他和孟子当面锣对面鼓地辩论，只可能自取其辱。

"哈哈，笑死我了。"淳于髡眼中，孟子一副小人得志的样子，无耻地笑道："嫂子掉水里了，用手拉；老百姓陷入水中，就得用圣王之道来拯救。难道淳于髡先生也打算用手来拉全天下百姓一把吗？"

这样一说，淳于髡还是像个不知变通的书呆子。淳于髡被孟子气得脸色一阵红一阵白，他发誓，这个仇一定得报。

孟子初尝胜果，"口下"败将还是齐国首屈一指的重臣，不禁得意扬扬。

但孟子不知道，他表面上赢了，实际上输得惨不忍睹。

他不辞辛苦投奔齐国，不是为了在稷下学宫蹭饭吃，而是希望得到齐威王的赏识，进而实现自己安邦治国的理想。可是，他却与齐国权臣淳于髡针锋相对，得理不饶人，这实在对孟子的仕途有害无益。

果然，孟子在齐国待了数年，却并未得到齐威王的接见。期间，连"残疾人"孙膑都得到齐威王的礼遇，可齐威王始终对孟子冷若冰霜。

齐威王不待见他，善于荐贤的淳于髡，也不可能推荐他，孟子一腔抱负，无处施展。他很想与齐威王见一次面，向他畅谈王道，于是只能寄希望于他人。

"您怎么还不向齐王提意见啊！"孟子几乎对蚔蛙失去耐心。

蚔蛙是齐国灵丘的行政长官，但是，他放着好好的地头蛇不做，非得要求上级调任他为法官（士师）。别人很不理解，孟子却得意地说："蚔蛙不当地头蛇，估计是想给齐王提意见，法官更适合进言。"

可是，蚔蛙上任后，一连几个月没有进言。孟子很尴尬，一副皇帝不急太监急的样子，说："大哥，你还等啥啊，都几个月了。"

蚔蛙说："我这不还没等到机会嘛！"

孟子摇摇头："你太死脑筋了，机会不都是自己创造的吗？"

被孟子这么一激，蚔蛙当即决定向齐威王进谏。齐威王很不耐烦地接见了蚔蛙，却又假装很认真地倾听蚔蛙的建议。蚔蛙说完，齐威王就和他打起了哈哈："那什么，寡人都知道了，寡人会好好考虑的。"

然后，没有然后了。

蚔蛙的自尊心受到齐威王一万点伤害，他感觉齐威王很不尊重知识分子，或者说不尊重他这位知识分子，后者比前者更伤人自尊。蚔蛙一怒之下，就向齐威王打了辞职报告，扬长而去，留下齐威王尴尬地怔在那里。

由于蚔蛙做官时声誉良好，齐国人对他的离去，感到非常惋惜。后来，他们得知，蚔蛙本不会辞职，完全是因为孟子没完没了地逼他进言，导致蚔蛙准备不充分，被齐威王无视，才不得已负气出走。

于是，齐国人开始攻击孟子。有人说，是孟轲逼走了蚔蛙；也有人说，蚔蛙的离职，孟轲得负责任；还有的人说得更难听，孟轲就知道怂恿别人当英雄好汉，自己却躲在背后当缩头乌龟，真他娘的是个小人。

但让孟子最难以接受的，也是传播更广的，还是这种观点：孟轲为蚔蛙考虑的确实有道理，但是他自己却不那样做，这就是所谓的严于律人宽于律己了。

孟子被铺天盖地的舆论抨击压得喘不过气来，那段时间，他几乎不敢出门。他整日里闭门反省：自己的所作所为真像齐国人说的那么不堪吗？

正在孟子三省吾身时，讨厌的公都子哪壶不开提哪壶，他居然有点儿幸灾乐祸地问孟子："老师，齐国人说的你怎么看？"

但这话他没有说出口，这只是他脑海中臆想的对话。事实上，他明知孟子知道齐国人对他的攻击，却又装作一副不知情的样子，告诉孟子："老师，齐国人竟然骂你！"不等孟子回答，又马上把想说的话一吐而尽。

经过多日反省，孟子这时已经渐渐恢复平静，但他还是看不惯公都子这副装傻充愣的模样，说："你知道个屁！"

公都子觍着脸笑道："学生确实屁都不懂，所以才请教老师。"

孟子默默地鄙视公都子，但他又表现出难得的高雅与从容，语重心长道："我听说，有官位在身的人，如果无法尽职尽责，就辞官而去；有进言责任的人，如果君主不听从，也可以离开。现在你老师我，既没有官位，又没有义务向齐王进言，我不是进退有余吗？"

公都子在心里嘿嘿地笑——原来您也只是听说。但表面上，他的眼神很复杂，一副略有不服气但又不得不服气的表情，说："原来是这样，学生又受教了。"

孟子没料到，他不解释还好，一解释，齐国人反而更生气，更觉得他无耻。孟子入住稷下学宫后，被齐威王照例尊为大夫，享受齐国特殊津贴，齐国人都说："看来，孟轲这厮吃白饭还吃出优越感来了。"

说得孟子狼狈不堪。

那段时间，孟子心里的阴影面积比他入住的稷下学宫还大。

孟子很难过，一副心事重重的样子。

孟子难过，不是因为齐国人组队抨击他，而是他没有得到齐威王的赏识。本来齐国人抨击他，并不会让孟子感到特别难过，但想到齐国人没有抨击他时，齐威王尚且不重用他，现在成了舆论负面人物，被重用就更不可能了，于是也因齐国人的抨击而难过起来。

见孟子郁郁寡欢，孟母心如刀绞，陪着他一起难过。孟子是个至孝之人，他不忍心离开母亲，便带着母亲一同来到齐国。

孟母问他遇到什么烦心事，孟子总是对孟母说："娘，孩儿哪有不开心？"

孟母心知肚明，孟子只是把不开心都藏在心里，他不想说出来惹得母亲也不开心。

但世间万事皆是如此，当一个人太过专注于某项事物，便会削弱他其他方面的能力，就像人总是在自己的挚爱面前智商为零一样。孟子只顾着孝顺母亲，孝顺得完全失去他自以为荣的权变。他不明白，自己整天一副愁眉苦脸的样子，却又不和母亲谈心，这样只会让母亲更加难受。

孟母忍不住又问孟子："跟娘说说，娘看你这段日子就没开心过，到底遇到什么麻烦了，说不定娘能帮帮你呢！"

"没什么，娘，您多心了。"孟子脸上顿时堆起勉强的笑容。

嘴上说没烦恼，心里和身体却很诚实。这话说完没几天，孟子又一副愁眉苦脸的样子，抱着厅堂前的柱子，唉声叹气。

孟母说："之前问你有没有心事，你说没有，今天为什么又这样？"

孟子一惊，迅速松开柱子，说："真没心事，娘，您就别管我了。"

孟母有点儿生气："有什么不能说的呢！你以为不说，就不会让娘不开心，你知不知道，你这样做，娘更难过！"

孟子的眼泪登时唰唰往下掉，但他很快又装作眼睛被风吹进沙子的样子，慌忙用衣襟拭干眼泪，勉强笑道："其实也没太大的事，就是孩儿来齐国几年了，一直得不到齐王的重用，心里有点儿失落。"

"娘始终相信，你不是普通人。"这话既是在安慰孟子，也是孟母的由衷之言，说完又问："难道就只有这点儿事？"

孟子说："这是齐王不识货，重要的不是这个。"

"那是哪个？"

"古人教导过孩儿，君子要有节操，不要无功受禄，诸侯不听他的建议，就离开诸侯，不再待在他的国家；诸侯如果只是倾听，却不采用君子的建议，就不要朝拜他。如今，齐王既不倾听又不采纳孩儿的建议，所以，孩儿想离开齐国。"

这话幸好没被公都子和齐国人听到。

孟母舒了口气，说："那就走呗，齐王还能拦你不成？"

孟子说："最重要的也不是这个。"

"那又是哪个？"孟母有种不祥的预感。

孟子深情而心痛地看了孟母一眼，话说得软绵绵的："娘您年事已高，我恐怕……"

孟子这年已经年过四十，孟母的年龄可想而知，当时能活到这个岁数就已很不容易，孟子实在不忍心再让母亲跟他四处奔波，万一在路上出了点状况该如何是好？

但孟母却莞尔一笑，很轻松地说："古人也教导过娘，出嫁从夫，夫死从子，你爸爸不在了，娘就听你的，你说走娘就跟你走，只要能和娘的孩儿在一起，再苦再累，娘都愿意！"

孟子虽然很欣慰，但他没有行动。

孟母愿意和他受苦受累，那是母亲对儿子的体贴。但是作为儿子，他不能让母亲跟着他受苦受累，孟子必须让孟母安度晚年。

就这样，孟子在齐国又待了许久。他尽管过得很憋屈，但只要见到孟母，脸上立刻泛出勉强的笑容。

公元前327年，孟母去世了！

孟子感觉自己的半边天已经塌下，而他的另外半边天（父亲），早在入齐前就已塌下。孟子已经失去了蔚蓝的天空，他的生活变得一片漆黑。

孟子再也控制不住自己的情绪，哭声如天崩地裂，眼泪如四海翻腾，他哭得几乎出现幻觉。

他多么想再聆听一次母亲的教诲！

孟母不仅教育孟子如何做人，也教育他如何做男人。

孟母不仅是孟子慈爱的母亲，也是妻子开明的婆婆。

往事如风，正猛烈地向孟子扑面而来。

咱们离婚吧

用今天的话说，孟子是纯爷们，他说女人就应该服从男人。

但孟子的老婆却说："我不服从你又能怎样？"

孟子说："那你在外人面前，总得给我留点面子吧？"

孟子也管不住老婆，孟子也没想过控制老婆。只有弱者才喜欢在老婆面前耍威风，因为他没胆量在强者面前那样做。

老婆没有为难孟子，但一旦在家里，尤其是在两人的卧室，她就把孟子的那套烦琐的礼仪抛到九霄云外，怎么痛快怎么来，随性而为。

孟子几次三番和老婆说过，虽然是在自己的卧室，但也不能太放肆。

孟子是个有礼仪洁癖的人，但为了家庭的和睦，面对妻子在卧室里的无礼之举我行我素，他只是婉言相劝，并没有大动肝火。

但这次，孟子终于对老婆忍无可忍。不过，他没有大发雷霆，因为他对老婆已彻底失望。

如果根据当时的社会风气，孟子老婆这次的所作所为，确实有些不雅，也难怪孟子对她很生气。

孟子本来打算进卧室，但看到老婆袒露上半身的不雅姿态后，怒气冲冲地掉头就走。（孟子既娶，将入私室，其妇袒而在内。）

孟子羞愧难当地对孟母说："娘，我想和老婆离婚。"

孟母猝不及防，忙问："过得好好的，干嘛突然想离婚？"

孟子一副很委屈的样子，说："孩儿不爽她很久了，她哪像个女人，在家里比男人还开放，太没礼貌了！"

"哦，是吗？这可不是小事，让娘考虑考虑再答复你。"知子莫若母，孟母当然不可能轻信孟子的一面之词，她想再从儿媳那里了解情况。

孟子的老婆可不是逆来顺受任人摆布的人，听说孟子对她有看法，还没等婆婆来了解情况，她就主动向孟母提出离婚："妈，既然子舆（孟子的字）总是看不惯我，那我待在这个家也没意思，我还是走吧。"

孟母慈蔼地问："可娘对你没意见啊，为什么要走呢？"

"娘是对我很好，可我又不是嫁给娘。"孟子的老婆一半委屈一半生气，噘着小嘴道："我之前想放松下，就脱了上衣，我想反正是在自己的卧室，顶多被子舆看到，可那有什么关系呢？他是我丈夫。古人不也说过吗？夫妇之道，私室不与。"

孟母点了点头，道："那倒也是，当年子舆他爸在世时，也没有要求娘在卧室里怎么怎么守规矩。"

"可是，这与你要和子舆离婚又有什么关系呢？"孟母不是明知故问，她只是想更真实地了解情况。

"子舆很反对我那样做。"孟子老婆很不服气的样子。

孟母说："那他有没有骂你？"

"那倒没有。"孟子老婆又噘着嘴："但那比骂我更严重。"

"难道子舆还敢打你？"孟母不相信儿子这么粗鲁，但是，如果不是这种情况，还有什么情况比这更严重呢？

孟子老婆说："我倒是希望他打我，反正我也不怕他，大不了打回去。但子舆的做法比这还严重。"

"比这还严重？儿啊，你就不能一次性把话说完吗？娘是越来越搞不懂了。"孟母被孟子老婆绕糊涂了。

孟子老婆说："子舆既没有打我，也没有骂我，他是直接掉头就走。这说明，他无视我，没把我当他老婆，只把我当客人，那我留在这里还有什么意思？"

孟母心想："看来子舆没有添油加醋，但儿子和儿媳都未免有点矫情。"但转眼又想："儿子固然矫情，但儿媳的反应实属正常。一个女人，脱光了衣服，可他的丈夫却连看都不看一眼，还提出离婚，难道还有比这更大的差辱吗？"

于是她安慰儿媳："娘不许你走，娘不把你当客人，我看子舆敢！娘这就帮你出气！"

"你去把子舆叫来吧。"孟子老婆于是气鼓鼓地去叫孟子。

孟子一进门，孟母就劈头盖脸地朝他骂道："你还好意思说你老婆无礼，娘看，我们家最无礼的就是你！"

孟子犹如被炸雷惊到，脸色一片惨白，但他很不服气。看到老婆在一旁朝他偷偷翻白眼，得意之色溢然于脸上，孟子就更不服气，竟带着情绪问孟母："娘，您这是什么话，孩儿又哪里无礼啦？"

"子舆什么时候学会跟娘顶嘴啦？"孟母摆出要教训孟子的架势。

孟子带着哭腔："娘，您总得讲点道理吧？"

"好，娘就和你讲讲道理。"

孟母让孟子设身处地地认真想想，她说："古人不是说过嘛，将入户，视必下，这是为了避免撞到人家尴尬的时候。现在，不是你媳妇没有礼数，她在自己的卧室怎么做，碍着你啦？古人都说夫妇之道，私室不与。是你自己眼睛不老实，什么都敢看，得了便宜还卖乖，违背古人教导，你说你是不是很无礼？"

孟子心虚了："是。"

孟母不依不饶："明明是你无礼，你还倒打一耙，怪你老婆无礼，你这样做是不是错上加错？"

孟子这下更心虚："是。"

孟母穷追猛打："那你是不是应该向你老婆道歉？"

孟子只好硬着头皮向老婆道歉。

从此，孟子坚持"私室不与"的原则，不再企图约束老婆在卧室的行为，老婆也再也不和他闹情绪，夫妻关系也越来越和睦。

孟子心想：倘若当初没有母亲的劝阻，没准儿自己现在已经成为光棍儿。就算再娶，又有谁能受得了他的礼仪怪癖呢？就算受得了，夫妻关系也不会和睦，又哪来"私室不与"的快乐呢？

就算有那样的快乐，又……想着想着，孟子不经意又瞟到母亲的遗容，他的思想像断电一样立刻终止，又开始失声痛哭起来。

学生的质疑

　　儒家讲究事死如事生，亲人的丧事也不能马虎，一定要存有最大的敬意，能风光大葬则风光大葬，这才符合孝道。

　　孟子一直有一个遗憾，父亲孟激去世时，由于他事业才刚刚起步，成就不大，收入菲薄，所以父亲的丧事操办得比较简陋。尽管，他对父亲的孝顺，不因为简办丧事而减少分毫，但孟子还是对父亲很愧疚。

　　如今，他已成为小有名气的学者，在齐国享受大夫的待遇，无论如何都不能在母亲的丧事上也留下遗憾。

　　不，在孟子看来，今时不同往日，如果他像操办父亲丧事那样操办母亲的丧事，那不叫遗憾，那叫不孝。明明可以风光大葬却选择简办丧事，这叫看轻死者，违背儒家"事死如事生"的原则。

　　孟子于是向齐威王告假，他要将母亲的遗体运回鲁国，埋葬在他的故乡。

　　齐威王并没有表现出对孟子的不舍，只是礼节性地安慰了他几句，爽快批假。看到齐威王如此不重视自己，孟子灰头土脸，更加难受。

　　稍感欣慰的是，学生们始终对他不离不弃。

　　回到鲁国后，孟子让学生们帮忙操办丧事，分配给每个人任务，将母亲风光大葬。

　　负责督造棺材的，是学生充虞，他是一个朴素简约的人。

在丧礼期间，充虞有一点很不理解，也很好奇，但见孟老师很悲伤，没有马上问孟老师。充虞把他的疑问憋在心里，足足憋了三年。

这三年，孟子始终待在鲁国为母亲守丧。丧期结束后，孟子便踏上返齐的旅程。

虽然，此时的孟子已对齐威王有些失望，偶然还不免有些怨妇心态，但他还是抱着侥幸心理，决定回到齐国再试一试。况且，孟子刚守完孝，久不关注世事，一时也想不到有哪些诸侯国可去。

三年的世事沉浮，足以改变一个人的心境，孟子希望他回到齐国后，看到的是一个"迷途知返"的齐威王，成为自己和圣人的狂热信徒。

齐威王并不知道孟子这时正在返程途中，也就无从表达他对孟子回归的态度。倒是学生充虞越来越激动，他见孟子离齐国越近心情越期待，知他已彻底从丧母的阴影中走出，便迫不及待想吐出"三年之问"。

师徒一行行至嬴地（山东莱芜）时，孟子决定在此休息，养精蓄锐再走。充虞见老师气色不错，便私下问孟子："老师，有件事情不知当不当说，学生憋了三年。"

孟子笑道："憋坏了吧？想说就说。"

充虞说："谢谢老师的信任，让我督造老太太的棺材，但是学生不解，棺材似乎太高档了点吧？"

孟子又笑了笑，他非常了解充虞的为人，所以并未因他的质疑而生气，只是问道："你这话是什么意思？"

见老师一脸和气，充虞大胆地畅所欲言："难道老师也像俗人那样，喜欢高档棺材，仅仅是为了讲排场？"

孟子又笑道："你觉得老师像吗？"

充虞说："学生就是觉得不像，所以才很好奇。"

孟子说："你还是太年轻！"

充虞不解："这与年轻有什么关系？"

孟子说："年轻人阅历不深，没有自己的主张，要么叛逆，要么人云亦云。"

孟子又说："看问题要透过现象看本质，老师选择高档棺材，并不是因为棺材漂亮，也不是为了面子，这是为了尽孝心。古人不是说过吗？不能够在父母面前省钱。古人都尽力而为厚葬父母，老师当然也得这样做。"

齐威王也认为孟子三句话离不开古人。

齐威王虽然没有单独召见孟子，但他听说过孟子的"高见"，正因为听说过孟子的高见，所以他不想召见孟子。

孟子说："五霸者，三王之罪人；今之诸侯，五霸之罪人。因为他们都曾违背前者建立的政治规则。"

齐威王却不以为然："齐国国强民富，我是齐国的圣人！"

孟子又说："尽信《书》，不如无《书》。"

齐威王心想老夫子难道开窍了？

孟子解释说："古人说仁者无敌，周武王那么仁义的人，打纣王那个暴君，怎么会死那么多人呢？纣王的士兵应该不战而降才对啊！可见，《尚书》的记载是造谣！"（仁人无敌于天下，以主仁伐至不仁，而何其血之流杵也！）

齐威王心想孟老头真是蠢得惊世骇俗！

孟子一回到齐国，齐威王就摇头叹气——齐国又多了个吃白饭的！

但是，为了表现出自己的爱才之心，吸引更多人才入住稷下学宫，齐威王姿态还是做得很足，该给孟子的待遇一分没少。

孟子又得意地发表他的高见："现在这些当官的，喜欢在君主面前吹牛皮，说自己多么能为国家开疆辟土，增加收入。可笑有人还把他们当良臣，其实这种人就是民贼！"

齐国群臣集体愤怒："没有我们这些民贼赚钱投资稷下学宫，你能在这里扯淡？"

齐威王说："冷静！他还说我是五霸的罪人呢！"

孟子在齐国生活了二十年，除了授徒育人，就是讲学骂人。他的徒弟越来越多，名气越骂越大，齐国君臣表面上对他越来越尊敬，但孟子感觉自己越来越落寞——骂尽齐国无敌手，独孤求败啊！

这时，稷下学宫也渐渐冷清，远不如十多年前那样繁荣。孟子明白，稷下学宫的衰落，是因为齐威王的事功心理越来越强烈，不愿意再听他们这些老夫子高谈阔论，或者说已没有当年那份热情，所以学者们渐渐离他而去。

齐威王事功心理的强烈源自他即位以来，在务实图强方针的指导下，取得了一系列政治军事上的辉煌成就。

公元前353年，齐威王25岁，齐军取得桂陵之战的伟大胜利。

公元前341年，齐威王37岁，齐军又取得马陵之战的伟大胜利。

齐国两次将前任霸主国魏国"按在地上摩擦"，让前任霸主魏惠王"自甘堕落"，卑躬屈膝地朝拜齐威王。

公元前334年，齐威王44岁，在魏惠王的马屁声中，自立为王。

公元前323年，齐威王55岁，齐国以匡章为统帅，打得前来挑衅的秦国没脾气，不可一世的秦惠文王唯恐输掉底裤，居然向齐威王道歉，自称"西藩之臣"。

齐威王心想："魏惠王、秦惠文王他们没一个是好东西，一个个蛮横得无可救药，仁义道德能让他们乖乖称臣吗？"

在弱肉强食的战国，拳头的大小，决定真理的多少。

孟子说："齐威王你才蠢得惊世骇俗呢！你那点可怜的业绩，能和圣王的丰功伟绩比吗？何况，这些都是逼着老百姓干来的，圣人从来不逼老百姓，老百姓也愿意为他去死。这就是仁义道德的力量。"

齐威王心想："到底是道德的力量还是忽悠的力量？"

孟子于是越来越瞧不上齐威王。返齐后，在齐国又住了一两年，孟子终于忍无可忍，决定离齐赴宋。

宋国是一个老牌诸侯国，他的祖先是商纣王的大哥微子启。微子启是个贤德的人，当初纣王倒行逆施，微子启屡次进谏。可惜，纣王刚愎自用，一句话也没听进去，但也没有为难微子启。

微子启说："如果大王听从我，我就算为国而死，也心甘情愿。但他刚愎自用，迟早要完，我还给他陪葬，岂不是太不划算！"于是脱离纣王而去。

周武王灭商后，微子启连忙到军营造访武王，肉袒面缚，膝行而前，带着哭腔对周武王说："我早就跟帝辛（纣王）脱离关系啦！"

武王大受感动，说："难得你能大义叛亲，寡人保证，你的待遇一切从旧。"

岂止恢复待遇。武王死后，周成王即位，封微子启于宋国，国都商丘，延续殷商祭祀。

宋国的建立，出于周朝彰显仁德的目的，所以宋国的地位很高，是公国。但是，宋国的实力却与地位非常不契合，除了春秋时期宋襄公打肿脸充胖子称霸昙花一现以外，几百年来宋国一直不是很强大，如今更是被七雄远远甩在后头。

那么，孟子为何不投奔除齐国外的其他六雄，却选择国力不济的宋国呢？

仁者无敌

宋国国君子偃自即位起，就背负沉重的心理压力。

如果他早生几十年，也许就不用背负这种压力，或者说，有人和他分担压力。

四十五年前，齐桓公田午弑杀兄长田剡，篡权自立。四十五年后，宋君偃做了相似的事情，将兄长宋剔成君赶出宋国，自立为君。

当时，战国七雄的君主，甚至包括鲁卫中山那样的二三流诸侯国君主，都没有一个像宋君偃那样得位不正。尽管，他们的祖上都曾为君位争得头破血流尸横累累，但只要他们自己没做，就有鄙视宋君偃的资本。

但有一天，宋君偃却说出在孟子看来，比那些得位正当的君主还要政治正确的话，他说："我要行仁政，践行圣人之道。"

宋君偃篡权自立，不忠不义，是儒家所谓的乱臣贼子，可如今他反而要施行仁政。这就好比潘金莲要宋徽宗给他立块贞节牌坊，武大郎都觉得她这玩笑开得太大。

别人都说，宋君偃这厮是拿仁政当遮羞布，掩盖他篡权的丑闻。

孟子却认为，也许宋君偃良心发现了呢？

但事实上，孟子当然不可能如此天真，他只是抱有侥幸心理。孟子是个有献身精神的理想主义者，任何一丝行仁政的机会也不会放过，纵然前途未知生死未卜他也会一往无前，何况只是前往宋国一探究竟。

　　孟子要去宋国的消息传出，学生中议论纷纷，有人说，老师早就该离开齐王那个朽木不可雕的蠢货了；也有人说，在齐国待得好好的，齐王又不差钱，干嘛要劳师动众去宋国呢？还有人说，齐王就算不行仁政，也比该死的宋君偃强，而且宋国一个小不点，行仁政有什么用，照样打不过齐国。

　　大师兄万章更倾向第三种观点，他问孟子："宋君偃说要行仁政，楚国见他太嚣张，准备教他怎么做人。据说齐王也打算出兵。宋国那么小，打得过齐楚吗？老师认为宋国到底该怎么办？"

　　孟子说："坚持仁政路线不动摇呗！"

　　万章挠头说："不动摇就能打败齐楚这样的大国？"

　　孟子说："你不相信？那老师给你说个故事吧！"

　　"古时候，有个人叫汤，是商朝的开国之君。他居住在亳地时，和住在葛地的葛伯是邻居，有一天，汤决定教葛伯怎么做人。"

　　万章问："汤为何要打葛伯？"

　　孟子说："因为他该打。"

　　万章心想汤真霸道，便问："为什么该打？"

　　孟子看穿了万章的心思，笑道："因为葛伯，不祭祀鬼神，还找借口说没有牛羊作祭品。汤看他穷得可怜，就送给他祭品。"

　　"那葛伯有没有祭祀？"

　　"当然没有。"孟子说："葛伯如果祭祀，就不会挨打了。他又找借口，说没有谷物做祭品，汤又给了他谷物。"

　　万章又问："那葛伯祭祀了没有？"

　　孟子说："还是没有。汤什么都给他了，但葛伯就是不祭祀。"

万章唾了一口："那葛伯够无耻的。"

孟子说："葛伯不仅无耻，还没良心，对汤恩将仇报。汤派亳地的百姓去帮助葛伯耕种，葛伯非但不感恩，还抢劫汤的百姓。不仅抢劫，还杀了人，甚至连小孩子也不放过。葛伯就是个禽兽。"

万章说："那葛伯确实该打。"

孟子说："所以汤才讨伐葛伯。打完葛伯，汤见周边地区的百姓生活困苦，就决定去解放他们。汤一共解放了十一个地方，每解放一个地方，其他地方的人民就抱怨。"

万章摇头晃脑地问道："将要解放他们为什么还抱怨？"

孟子说："因为急啊！"

万章这下更糊涂："为什么急呢？"

孟子说："能不急吗？汤每解放一个地方，当地的百姓就能过上好日子。那些还没被解放的地方，见别的地方过上好日子，而自己还生活在水深火热中，就羡慕嫉妒抱怨，汤啊汤，你为什么不先解放我们呢？"

万章感叹道："这可真神奇！"

孟子说："这很正常。"

万章又问："为何正常？"

孟子说："据《尚书》记载，古时候那些受苦受难的老百姓，不认可自己的君主，就说：'我要等待我真正的君主，他来了，我就不用受苦了。'遥想当年，周王解放百姓时也是这样，百姓们都拿出美食欢迎他。老百姓盼望圣君，就好像大旱盼大雨一样，在那种急切的心理下，出现那样的情况，就不足为奇了。"

万章突然意识到他的问题还没解决，便问："但这与宋国如何应对齐楚两国的进攻又有什么关系呢？"

孟子缓了口气，说："前面说过，君主只要行仁政，天底下百姓就都会把他当自己的君主。宋君偃如果行仁政，也会如此，天底下百姓都把他当君主，都愿意为他而战，还用担心打不过齐楚两国？"

万章想了很久，觉得孟老师的逻辑很严密，虽然他仍然有点觉得不可思议，但还是附和孟子道："看来，这宋国确实可以一去。"

自作多情

　　孟子一入宋国，就发现他有点儿自作多情。

　　孟子认为自己自作多情，不是因为他认为自己把仁政想得太美好，而是他高估了宋君偃的人品。

　　此前，宋君偃就乘人不备，先后与魏国、楚国和齐国交战，并取得一定的战绩。这也是他为何敢标新立异宣扬行仁政的底气。

　　战国时期，各诸侯均野心勃勃，纷争不断，打仗是家常便饭，不打仗才是奇闻异事，何况宋君偃的对手齐楚等国也不是善类，孟子自然没有因宋君偃与诸国交战，就轻易断言他也没有行仁政的诚意。

　　可与宋君偃接触后，他就傻眼了，因为宋君比齐王还不靠谱！

　　齐威王虽不行仁政，但在君王的个人修养上，还算差强人意，但宋君偃却是个不折不扣的暴君。

　　孟子也许并不知道，或者后来才发现，宋君偃毫无敬畏之心。他叫人筑起一座高台，将皮囊装血，套上甲胄头盔，高高地悬挂在上面，然后用箭去射，射中之后血流满地。宋君偃得意扬扬地告诉臣民——这叫射天。

　　在场的大臣为满足宋君偃的虚荣心，只好恶心地吹捧他："您真是比商汤武王还厉害，他们只能胜人，您老人家却能胜天！"

　　除了对天不敬，宋君偃还是个变态的医学爱好者。他对驼背的人感到好奇，人为什么会驼背呢？驼子的背里又有什么呢？为解决自己的疑问，宋君偃并没有好好学习，而是残忍地将驼背者的背劈开。

宋君偃的坏心肝，并未因孟子的到来而萎缩，反而还不断地膨胀。他干的坏事越多，人们就对他越痛恨，甚至给他起了个"桀宋"的绰号。意思是说，宋君偃是宋国的桀，是个倒行逆施的暴君。

孟子刚认识宋君偃时，他或许并没有多少残暴的行为，但他既然能坏到射天的境界，当初想必也不是善类。

本来，孟子就对宋君偃篡位的行为心存芥蒂，见到宋君偃后，见他又是一副不知所畏的样子，顿时彻底失望。

不过，宋君偃虽然人品不佳，但又和当时所有诸侯国君主一样，对孟子这样的大学者毕恭毕敬。无论孟子说什么，他都不和孟子顶嘴，有时也会装作一副求知若渴的样子，只是孟子让他付诸行动时，他就开始打哈哈。

孟子又想，宋君偃也不是无可救药，至少他还懂得尊重贤人，只是有点儿愚蠢而已。如果宋国有贤人辅佐，未必不能施行仁政。

可是宋国有贤人吗？

宋人都说，大夫戴盈之是个贤人，他重视人民群众的生活，还打算降低宋国赋税。孟子很高兴，于是拜访戴盈之。

戴盈之更高兴，他只是区区宋国的大夫，知名度远不如孟子，孟子的拜访让他受宠若惊。然而，戴盈之对孟子的热情并没有持续多久，当孟子提出那个近乎天真的建议时，戴盈之脸色随之变得很难看。

孟子说："你们宋国对人民太坏，赋税那么重，让百姓们怎么活？不如废除其他杂税，只施行十分抽一的税率。"

戴盈之听到孟子的话很不痛快，因为宋国主管税务的正是他本人。但作为官场老油条，戴盈之还是很谦卑地对孟子说："先生说的都好，但今年恐怕难以实行，我想明年再行动，如何？"

孟子认为戴盈之在敷衍他，感觉自己被愚弄了，顿时火冒三丈："给你讲个故事吧！"

戴盈之说："先生请讲。"

孟子没好气道："从前，有个人每天偷邻居家鸡，有人告诉他这样做太没节操，他居然对那人说，让我立马不偷恐怕难以做到，不如一步步慢慢改正，比如由一天偷一只鸡改为一个月偷一只，这样渐渐减少，等到明年，就不会再偷了。"

孟子接着教训道："既然知道自己做错，为何不马上改正，非得等到明年？"

戴盈之更生气心想："即便要改，你以为税务改革像你扯淡一样容易？真是站着说话不腰疼！"

但戴盈之不可能亲口对孟子说这样粗鄙的话，既是出于尊贤的目的，也是为了自己名声着想。这世界上，什么人都可以得罪，唯独文人不能得罪。

于是，戴盈之也搬出一副礼贤下士的样子，和孟子打了一顿哈哈，气得孟子在心里一口一个民贼而去。

相比戴盈之，孟子更愿意和戴不胜交往。

戴不胜是戴盈之的亲戚，也是宋国大臣。他告诉孟子，戴盈之在税务问题上不给力，也不能全怪他，国君也有责任在其中。

孟子想想，觉得戴不胜说的也有道理，上梁不正下梁歪，没有宋君偃那个独夫，哪来戴盈之这个民贼？想到这里，他乘机对戴不胜说："你想让国君变得贤明吗？"

戴不胜说："当然想。但不知先生有何办法？"

孟子说："我且问你个问题。"

"请说。"

"有个楚国官员想让儿子学齐国话，让楚国人教更好，还是让齐国人教更好？"

戴不胜说："当然是找齐国人教。"

孟子又问："如果让一个齐国人教，却又让许多楚国人干扰他，能学好齐国话吗？"

戴盈之说："怕是不能。"

孟子说："肯定不能啊，拿着鞭子逼他说，也不可能做到。"

"反之，如果让该官员的儿子在齐国繁华地带住上一段时间，就算楚国人用鞭子逼着他说楚国话，也不能办到。"

正当戴不胜认死理儿心想未必时，孟子突然问道："你是不是说过薛居州是个好人？"

戴不胜一愣："嗯，我确实说过。"

孟子说："如果宋君身边的大臣，也都像薛居州那样，就跟楚国官员待在齐国学齐国话一样，宋君怎么不会变得贤明呢？"

戴不胜心想："这不等于废话吗？问题就在于，国君身边的大臣不可能全是贤人！"

孟子又说："如果宋君身边的人，都不是薛居州那样的贤人，宋君就像被楚国人干扰不能学会齐国话的楚国官员儿子一样，就很难变得英明。这时候，就算有个薛居州在他身边，那也无济于事。"

戴不胜在心里嘿嘿直笑——我懂，我懂。

自作多情

滕文公：知音难觅

戴不胜虽然很"懂"他，但他毕竟不是孟子的知音，孟子认为他也只是尘世中一个随波逐流的俗人。

既然知音难觅，孟子决定离开宋国。

不过，相比当年从齐国的黯然离去，孟子这时的心态好了许多，他大体上已经能做到不被世事沉浮所扰，从容不迫地面对挫折。

何况，孟子此次入宋也不是一无所获，他还收了个徒弟。

孟子入宋所收的徒弟名叫宋勾践，他和孟子有共同的兴趣爱好。宋勾践既仰慕圣贤，也希望自己将来能像孟子一样游说列国。

但游说列国可不是件容易事，残酷的现实教会孟子，既然失败不可避免，那保持良好的心态非常重要。他不希望学生也成为当年的自己。

"你不是很喜欢游说列国吗？"孟子主动找宋勾践谈话。

宋勾践腼腆地向孟子行了个礼，说："学生确实想像老师学习。"

孟子说："那我告诉你怎么游说列国吧。"

宋勾践犹如得知师父将传授自己武林绝学的弟子一样，无比兴奋，无比激动。孟子看到宋勾践这副表情，忙说："淡定，淡定，心态很重要。"

宋勾践不解："老师说心态很重要，是与游说有关吗？但这与心态有何关系？"

孟子却反而问道："你能保证自己每次游说列国都能成功吗？"

宋勾践说："不能。"

孟子说："这不就得了！人一遭遇失败，就难免情绪低落，如果心态不好，任由低落的情绪发酵，就会想不开。"

宋勾践恍然大悟："那请问老师，怎样才算心态好呢？"

"就像老师这样。"孟子突然得意起来："别人理解你，你也是怡然自得的样子；别人不理解你，你还是怡然自得的样子。总之，不被他人的观点干扰。"

"那怎样才能做到，不管遇到什么事都怡然自得呢？"

孟子说："如果你真正崇尚道德，热爱仁义，就能够做到。"

宋勾践挠头问："这是为什么呢？"

孟子说："如果你真正崇尚道德仁义，就会把道德仁义看得比什么都重。那么，不论你将来贫穷还是富有，得势还是落魄，只要想到自己的道德仁义没有失去，就不会那么患得患失，能做到怡然自得了。"

见宋勾践一脸懵，似懂非懂，孟子说："你记住一句话，就是穷则独善其身，达则兼济天下。"

宋勾践使劲地点头："我懂啦！"

孟子也笑着点头，一副很有成就感的样子。

大约这时，有学生向孟子报告，滕国的太子姬宏前来拜访，问孟子是否与他见面。

从前，孟子只知道滕国是当时一个微不足道的小国，与宋国毗邻，位于其西北方位，与姬宏素未谋面，更谈不上认识。

孟子入宋后，姬宏拜访过他一次。那一次相会，孟子印象非常深刻，他这一辈也不会忘记那次振奋人心的相会。

孟子因素来对王侯公子缺乏好感，便想当然地以为姬宏也只是位贪慕虚名的纨绔子弟，跟齐威王和宋君偃一样，光听不做，反而利用自己的知名度，成全他礼贤下士的美名。

初遇姬宏时，孟子其实是抱着较为消极的态度的。

见到姬宏后，孟子发现他的形象平平无奇，看上去并不像特别仁厚忠义的人，但也像齐威王等人那样，一见到自己就非常恭敬。但孟子又从他明亮地眼眸里看出了不同。齐威王等人与他相见时，眸子里闪闪烁烁，但姬宏的眼眸却澄净得如一汪泉水。

只有最真诚的心，才能让眼眸如此澄净。

孟子不禁欣然而笑，笑得如新生的婴儿，也是那样的干净纯粹。他乡遇知音的喜悦，让孟子的表现欲望登时强烈起来，他和姬宏谈论自己最擅长的性善论，言必称尧舜，兴致勃勃地说了很久，如久旱逢甘霖一般痛快。

同样是尧舜之道，孟子记得，他和宋君偃谈论时，宋君偃那厮听得昏昏欲睡；让孟子惊喜的是，姬宏却听得如痴如醉，仿佛在欣赏世界上最美妙的音乐。

孟子很享受和姬宏相处的时光，但姬宏却告诉他，他不能再和孟子谈下去，他必须得马上离开。

孟子只好依依不舍地和姬宏告别。因为孟子根本留不住姬宏。

原来，姬宏只是顺道路过宋国，见时间充裕，便抽空拜访仰慕已久的孟子。他还有重要的使命，替父亲滕定公出使楚国，国家邦交可不能耽误，也不敢耽误。

几个月后，正当孟子感叹他与姬宏一别，再难有机会相见时，学生告诉他滕国的太子又想来拜访他。

孟子简直无法相信自己的耳朵，明知故问道："滕国哪个太子？"

学生说："还能有哪个太子，就是上次和您见面的那个咯！"

孟子抖擞精神："快，快请太子相见。"

姬宏一见到孟子，就连忙很恭敬地向他行礼，如同几个月前他们初见时那样。孟子没有注意姬宏的行礼，只是盯着他的脸看。看了一会儿，孟子说："太子是不是不太相信我之前说过的话？"

姬宏说："哪敢哪敢，是我愚钝，先生说的话很振奋人心，但是我事后一想，又觉得这是不是太天真了些？"

"比如说呢？"说这话时，孟子的脸色略有些不自然。

姬宏说："滕国是个小国，如果行仁政，就能和大国相比？滕国再强，也就这么大块地，这么点人，又能有多大作为呢？"

孟子笑道："太子还是太年轻。"

姬宏很不解："这与年轻又有什么关系呢？"

孟子一副长者的样子，说："年轻容易被世俗左右。当今天下，流行霸道，君主以开疆辟土为要务，太子是不是也觉得行仁政不能发起战争，争夺土地，滕国就不会强大？"

姬宏说："先生真是说到我心坎里了！"

孟子说："你不能那样去理解，你想啊，小国与大国都是国，凭什么要害怕大国？正如大臣和国君都是人一样，凭什么大臣要害怕国君？我看齐国大夫成荆就说得很好，我是男子汉，国君也只是男子汉，我为什么要怕他？"

姬宏皱着眉头问："不怕大国，我可以做到，但是不怕没有用啊，不怕不代表就打得过人家啊！"

孟子又笑道："太子还是太年轻。"

姬宏把眉头皱得更深："这又与我年轻有什么关系？"

孟子又一副长者的样子，说："年轻喜欢争强斗胜。太子，你为什么老想着打赢别人呢？我看还是颜回说得好，舜帝是什么人，我就是什么人，有作为的人都应该像他那样。太子应该向舜帝学习，以德服人，暴力是不能解决问题的。"

姬宏想了半天："以德服人是没有错，但仁德能让滕国变大吗？"

孟子又笑道："太子还是太年轻。"

孟子还是一副长者的样子，说："我看还是公明仪说得好，文王是我的老师，周公难道会欺骗我吗？照着文王他们的做就是。"

姬宏说："照着文王的做就能让滕国强大？"

孟子嘿嘿一笑："周文王发迹前，只有方圆100里的地，不照样让诸侯臣服？还有汤，他更牛，才方圆70里的地，就建立商朝。如今滕国大小也有方圆50里的地，只要坚持仁政路线不动摇，难道还怕滕国不会强大吗？"

姬宏又想了许久，滕国能强大就行，实在不奢望能像商汤文王一样平定天下。但他又担心孟子批评他志向太小，便只是开心地说道："谢谢先生，我终于明白啦！"

孟子意味深长地一笑，还是没能掩盖他的成就感。

天下无不散的筵席，姬宏急着要回国复命，孟子只好依依不舍地和他告别。

孟子屈指一算，自己来宋国已有数月，宋君偃还是没有半点施行仁政的诚意。他留在宋国看不到任何希望，也没有任何意义，如果是为了混吃混喝，当初又何必离开齐国呢？

若干年后，孟子回首往事，万章曾问过他这样一个问题。

那日，万章对孟子说："士不依靠诸侯生活，这是什么道理？"

孟子语重心长地告诉万章："不是不能，是不敢啊！诸侯亡国，然后投奔别的国家，这还情有可原。但士在诸侯国蹭吃蹭喝，这不符合礼制。"

万章又问："如果诸侯主动要求送给他东西，那接不接受呢？"

孟子说："这就可以接受。"

万章挠头晃脑，说："老师不是说士不能依靠诸侯生活吗？怎么又可以接受他们的东西？"

孟子长叹一声："士，也是人，也得活下去。"

万章不解："那不还是靠诸侯生活吗？"

孟子摇摇头："不，不，古人说，诸侯对于国外人士，本来就应该周济他们。老师说不依靠诸侯生活的意思，不是宁死也不吃诸侯的东西，而是不能赖在某个诸侯国白吃白喝。"

万章说："我记得老师说过，诸侯如果赐给士东西，就不能接受，这又是为什么呢？"

孟子说："没有工作，诸侯赐给他东西，接受了，就等同于白吃白喝，这是不合礼制的。"

万章又开始糊涂，周济和赐予，不都是诸侯给东西吗？只是说法不一样，老师何必认死理呢？

想了很久，万章似乎又明白了什么，于是问道："如果诸侯周济，经常送东西给士，士可不可以经常接受呢？"

孟子说："你说的这种情况，古人也遇到过。"

"子思当年在鲁国时，鲁缪公对他很尊重，经常派人问候他，并送给他肉食。可子思一点儿也不高兴。"

万章问："鲁缪公对他这么好，为什么他不高兴呢？"

孟子看了万章一眼，自顾自地说："有一次，子思实在受不了了，竟然将鲁缪公的使者赶出门外。"

"那鲁缪公当时什么反应？"万章说这话时，心想这子思也太不识好歹！

孟子说："没什么反应，但不再给子思送东西了。"

万章心想这是自然，但他还是很好奇："子思为什么不高兴，为什么要把鲁缪公的使者赶出门外呢？"

孟子说："子思当时很愤怒，他说国君那样做，是把他当畜生养啊！"

"老师觉得子思说得很有道理，喜欢贤人，却不能重用，又不能以礼相待，这难道可以算得上敬贤吗？"

"鲁缪公怎么就不尊重子思啦？"万章心想。

孟子又说道："鲁缪公每次给子思送东西，出于答礼，子思每次都要行礼作揖，这也太过分了，几块破肉凭什么那么嚣张？他鲁缪公就不能对子思说不用行礼吗？"

万章在心里唾了一口："这个鲁缪公，原来是这种人！"

孟子说："尧对待贤人的态度，就比气人的鲁缪公好多了。不止好多了，简直让人神往。"

万章问："难道尧不让贤人行礼？"

孟子一副很憧憬的样子，说："岂止是这样。尧帝欣赏舜帝，就让自己九个儿子都向舜帝学习，还把两个女儿嫁给他。各种粮食用品，任由舜帝使用，又大方又大气，根本不用舜帝向他行礼。"

"更重要的你知道是什么吗？"孟子看着万章问。

万章摇摇头，孟子说："尧帝除了尊重舜帝，又无比信任他，给他大官做，最后还传位给他。尧这样做，才算得上真正的敬贤。"

有人却不以为然，赔了女儿又赔帝位，尧岂不是亏大啦？

宋君偃就是这种人。

孟子终于决定和宋君偃告别，后会无期。

孟子客套了一番，头也不回就走，宋君偃突然想起来："等等，先生留步！"

孟子转过头一看，宋君偃叫人抬来一堆沉甸甸的东西，对孟子说："先生，这七十镒金不多，一点意思，算是我给先生的盘缠吧。"

宋君偃这人人品不怎样，倒也不抠门，孟子登时又对他生出几分好感。想了许久，孟子还是决定接受宋君偃这七十镒金。

离开宋国后，孟子打算去魏国，路过薛地。薛地是靖郭君田婴的封地，孟子的到来让田婴感到蓬荜生辉，于是也送给孟子五十镒金。

田婴是齐威王的小儿子，陈臻记得，当初孟子离开齐国时，齐威王送给他一百镒金，出手比宋君偃还阔绰，但孟子却婉言谢绝。对此陈臻非常不理解——孟老师为何不领齐王的情，却接受他儿子的馈送呢？

连宋君偃送的钱都接受，为何偏偏不要齐王的钱呢？

陈臻思索无果，便开始怀疑孟子的做人原则。齐威王最先送给孟老师钱时，孟老师为体现他轻财重义，故而拒绝。可孟老师也是人，心里毕竟也喜欢钱，后来，宋君偃和田婴送钱时，孟老师终于经不起诱惑，接受了他们的馈赠。

但陈臻不确定这种观点是否正确，他决定亲自向孟子询问。

"齐王送给老师钱，老师为什么不接受？"

"宋君送给老师钱，老师为什么就接受？"

"靖郭君送给老师钱，老师为什么也接受？"

陈臻连问三个为什么，一副抓住孟子把柄的样子，总结道："如果士不该接受诸侯馈赠，老师接受宋君和靖郭君的钱就错了；如果士应该接受诸侯馈赠，老师不接受齐王的钱就错了。总之，老师总有一个是错的。"

孟子哭笑不得："你真是个死脑筋，你就不知道具体问题具体分析吗？"

"老师是不可能错的。"

陈臻犟上了："老师怎么就不可能错？"

孟子长叹一声："你可真不叫人省心。"

"离开齐国的时候，老师不差钱，所以不要齐王的钱；离开宋国的时候，宋君送我盘缠，老师正好手头不充裕，所以接受了；离开薛地的时候，靖郭君不是都说了吗？难道你连这也不知？"

"说什么啦？"陈臻一时想不起来。

"当时靖郭君说，先生此去，路途不太平，需要防身，一

点意思，当作买兵器的钱吧。所以老师才接受他的馈赠。"当
孟子说出来时，陈臻恍然大悟。

事实上，孟子离开宋国时，原本打算去魏国，路途相对遥
远，便接受了宋君偃的馈赠。没走多久，他又突然改变主意，
决定回家乡邹国。

取道回邹时，路过薛地，田婴送钱给他买装备。

孟子一路舟车劳顿，学生们提心吊胆，总算平平安安地回
到邹国。

二十四年前，孟子二十六岁，首次离开邹国，前往齐国游
学。那时，他还只是个初出茅庐的普通教师。

二十四年后，孟子五十岁，终于回到他阔别二十四年的家
乡。这时，孟子已是名满天下的大学者。

二十四年前，孟子离开邹国时，除了家人，几乎可以说得
上形单影只。

二十四年后，孟子回到邹国时，弟子众多，车骑成群，前
呼后拥。

二十四年前，孟子离开邹国时，没有人送别，国君根本不
关心他去哪，他只是一个微不足道的小人物。

二十四年后，孟子回到邹国时，欢迎人群如潮水，国君
邹穆公亲自拜访他。在孟子的盛名面前，邹穆公反而显得微不
足道。

短短二十四年，邹国还是那个邹国，但孟子早已不是那个
孟子。

穷居闹市无人问，富在深山有远亲，只要名气足够大，国
君也得居人下。

孟子回邹，真可谓衣锦还乡。

重拾信心

二十四年前的孟子，如果想见邹国国君，国君未必愿意见他。

二十四年后的孟子，都没想过见邹穆公，就被邹穆公恭恭敬敬地请到宫中。

一见到孟子，邹穆公就向孟子吐苦水："官员死了三十三个人，百姓却没有一人为他们的长官而死。百姓太坏啦！"

原来，孟子回乡时，不幸遇上邹国与鲁国发生冲突，两国打了一仗。

鲁国虽不强大，在大国面前是孙子，但又在邹国面前是大爷，比弱小的邹国强大许多。此战，邹国大败，损失惨重。邹穆公气急败坏，迁怒于百姓："寡人想杀了他们，以儆效尤，但那些作壁上观的人太多，又不可能全杀。"

"不杀吧，寡人实在咽不下这口气，这些坏蛋百姓，他们看着自己的长官被杀，却不营救，太让人恼火了！"

孟子在心里骂了一句邹穆公，说："您想怎么办呢？"

邹穆公说："我就是不知道怎么办，才想来问您这该怎么办。"

孟子啐了一口："他们活该！"

邹穆公挠着头，不知孟子说的是谁。孟子面带愠色："你也活该！"

邹穆公很不高兴："我怎么就活该了呢？"

孟子又啐了一口："你还好意思问！"

邹穆公一副很不服气的样子："我怎么就不好意思问了呢？"

孟子说："你的官员把老百姓都害成什么样了！邹国发生灾荒时，百姓们饿得两眼发昏，年老的饿死一大片，年轻力壮的受不了，只好背井离乡逃难。这时候，你的官员们干什么去了？仓库里明明有钱有粮，却不向你报告，也不拿来救灾。"

"面对这种情况，你知道曾子说过什么话吗？"

"什么话？"

"出乎尔者，反乎尔者也，你怎么对待人家，人家就怎么对待你。你自己不行仁政，不救百姓，百姓们凭什么要救官员？"

邹穆公被孟子的气势吓得一愣一愣的。

孟子说："已经做了，后悔也没用，从今以后，国君如果行仁政，上行下效，百姓们自然会感激他们的官员，下次再遇到这种情况，还担心百姓不会誓死抵抗吗？"

邹穆公一副巴结的样子："既然这样，那我敢不行仁政吗？"

孟子以为邹穆公和他开玩笑，没想到从此以后，邹穆公果真痛改前非，施行仁政，将邹国治理得蒸蒸日上。邹穆公去世时，不仅邹国百姓如丧考妣，邻国百姓也怅然若失，纷纷纪念这位贤明的君主。

当孟子正在和邹穆公论政时，他的学生也没有闲着。作为著名学者孟子的弟子，他们也是社会上流人士的座上宾。

一个任国人一时见不到孟子，便邀请孟子的学生屋庐子到任国（毗邻邹国），向他请教关于礼的问题。

屋庐子是晋国（赵魏韩）人，起初学的是法家，见到孟子后，被孟子极富魅力的口才感染，改专业拜孟子为师主修儒学。屋庐子虽是半路出家，但他求知若渴，非常喜欢和孟子谈论礼的问题。

任国人问屋庐子："你说礼很重要，那我请问你，礼和食物哪个重要？"

屋庐子说："当然是礼重要。"

任国人又问："那娶老婆和礼哪个重要？"

屋庐子想了半天："应该还是礼重要。"

任国人笑歪了嘴："你呀，真是个奇葩。"

屋庐子这才发现，任国人邀请他不是因为仰慕他，而是专门挑事而来。果然，任国人接着问了个很尖锐的问题："如果遵循礼制找吃的，就会饿死；不遵循礼制找吃的，就不会饿死。你也遵循礼制吗？"

屋庐子嗯嗯啊啊了半天，说："这个，这个……"

任国人又问："如果遵循礼制娶老婆，却娶不到老婆；不遵循礼制娶老婆，反而能娶到老婆。你也遵循礼制吗？"

屋庐子又开始嗯嗯啊啊。

任国人又笑歪了嘴："就知道你答不出！你老师也不行！"说罢，一副小人得志的样子，扬长而去。

屋庐子口不服心也不服，第二天一早他就赶到邹国，将任国人问题复述给孟老师。

孟子笑道："你还是太年轻。"

屋庐子说："我也老大不小了，老师干嘛总说人年轻，这关年轻什么事？"

孟子一副长者的姿态，说："你阅历不够，上了任国人的当。"

屋庐子挠头说："我怎么不觉得？"

孟子说："他在给你玩文字游戏，拿吃的重要方面和礼的细节方面比较。"

屋庐子一脸茫然："老师能不能说得更具体一点。"

孟子说："如果不要求基地的高低一致，只单纯地去比较顶端，那么一寸厚的木板也可以比高楼还高'不揣其本，而齐其末，方寸之木便高于岑楼'。同样的，对于吃而言，最重要的就是让人不饿死，而不遵循礼制去填饱肚子，就算失礼也情有可原，失的是小礼。人们当然宁愿失小礼，不让自己饿死。"

屋庐子说："我好像有些懂了，一个人饿得两眼发昏，快要饿死，他就算违背礼制找东西吃，也没有什么大不了，如果他坚持不吃东西，就饿死了。失去礼的细节方面，就可以拯救吃的重要方面。"

孟子欣慰地点点头："所以，你下次见到那个任国人，就反问他：如果扭断你哥哥的胳膊，抢夺他的食物，就可以美美地吃一顿（吃这一顿不是为了保命，只是解馋）；不扭，就没有吃的。你会扭断你哥哥的胳膊吗？"

屋庐子哈哈一笑："这就叫以其人之道还治其人之身，看他怎么回答！"

人怕出名猪怕壮，战国是一个思想绽放的时代，处处充满挑战，名气越大挑战越多。孟子还停留在对屋庐子举一反三的欣慰中，公都子就心急火燎地找到孟子："老师，大事不妙，大事不妙呀！"

孟子一看到公都子这副失魂落魄的样子就感到好笑："是谁把你弄成这副衰样？"

公都子一脸愧色："今天，孟季子（有人说，他是任国大臣季任）问了我一个很深奥的问题，学生被他问得哑口无言。"

屋庐子缩在一旁，一副幸灾乐祸却又非常滑稽的样子，心想你小子也有今天！

孟子问："孟季子问你什么啦？"

公都子擦了一把汗，说："他一上来就挑衅，问义这种品质，怎么能说是内在的呢？"

孟子说："你是怎么回答他的？"

公都子说："我说义当然是内在的，比如我对人恭敬，这是从内心发出的。"

"那他怎么说？"

"他于是问我，我哥哥和乡里的长者在一起，我是先给谁敬酒？"

"你又是怎么回答的呢？"

"我说给乡里的长者敬酒。"

孟子挺着身子说："那你说的没错！"

公都子很委屈："我也觉得没错，可不说还好，一说就被孟季子利用了。"

"他是如何利用的？"

"他说，我心里本来恭敬哥哥，但看到乡里的长者后，又马上恭敬长者，先向他敬酒，这是受外界影响，可见义就是外在的。"

孟子说："你应该反问他。"

公都子挠头说："如何反问？"

孟子想了一会儿，将反驳孟季子的话告诉公都子，公都子认为孟老师的反驳实在妙不可言，差点把头都点掉了。

拜别孟子后，公都子一路蹦蹦跳跳找到孟季子。孟季子辩倒公都子后，有点儿得意忘形，明显不如初见时那样恭敬。公都子用报仇的口气问："你叔叔和你弟弟在一块，你先恭敬谁？"

孟季子懒洋洋的："那还用说，先恭敬叔叔。"

"如果你弟弟担任祭祀的代理人呢？"

孟季子一副胜利者藐视失败者的嘴脸："这不废话吗？肯定先恭敬弟弟。"

公都子说："怎么能说是废话呢？"

孟季子反问："怎么不是废话？"

公都子说："你刚才还说，先恭敬叔叔，按照你的逻辑，如果弟弟担任祭祀代理人，你也会坚持先恭敬叔叔，我想确定一下，所以有此一问。可你却说先恭敬弟弟，这难道不前后矛盾？"

孟季子鄙夷道："弟弟是祭祀代理人，当然先恭敬弟弟，这种基本的礼数你也不懂？"

公都子笑道："我不是不懂，只是想告诉你，正如弟弟担任祭祀代理人先恭敬弟弟一样，当哥哥与长者在一起时，也要先恭敬长者。但这并不能否认义是内在的，因为恭敬长者只是一时，其他时候都恭敬哥哥。"

孟季子也啐了一口："还狡辩，看到长者后，立马就先恭敬长者，还说义不是外在的！"

公都子硬碰硬道："冬天喝热水，夏天喝凉水，难道饮食也是外在的？"

孟季子甩了公都子一个黑脸，表示不想再和他说话。

公都子却以为孟季子已被他说服，又一路蹦蹦跳跳返回邹国，将这个好消息告诉孟子。

孟子风轻云淡地点了点头，心中的自信却在翻江倒海纵横驰骋。

人皆可为尧舜

孟子说过"人皆可以为尧舜",曹交很不赞同,但事实上,更多的还是不理解。

曹交是曹国(并非春秋时期的曹国)国君的弟弟,他其实很仰慕孟子,只是反对孟子这句话。听说孟子在邹国,便决定亲自向他请教。

孟子很不愿接见曹交。孟子不愿见曹交,不是因为他是国君的弟弟,而仅仅是不欣赏曹交本人。

但孟子又不能不接见曹交。孟子必须见曹交,不是因为他担心得罪曹交,进而得罪他的哥哥曹国国君,而是这违背他待人处事的原则。曹交恭恭敬敬地拜访,如果孟子无缘无故避而不见,这未免有些失礼。

但孟子见到曹交后,又后悔接见曹交。但这并不意味着如果再给孟子一个选择的机会,他会拒绝和曹交相见,这只是一种情绪的表达。

孟子看曹交第一眼时,对他充满期待,因为他长着一副圣人的姿态,但当曹交发问时,孟子又感到特别失望。

人皆可以为尧舜,这句话孟子说过无数次,在当时的思想界,比周杰伦的口头禅"哎哟,不错哦"还经典。可曹交见到孟子后,第一句话居然就问:"人皆可以为尧舜,有这种说法吗?"

孟子心想,这人到底有没有读过书,连这样经典的话都不清楚？便只是冷冷地答道："有。"一个字都不想和曹交多说。

曹交挠着头，说出一番没心没肺的话："听说文王身高一丈，汤身高九尺，而我身高九尺四寸，在身高上可以说和圣人差不多。可圣人能拯救万民，我却只会吃饭，请问先生，我如何才能像圣人那样？"

这番话给孟子的第一印象，曹交不是个饭桶，就是个弱智。但不管他是饭桶还是弱智，孟子都不会歧视。孟子本来对曹交的印象不佳，但当他提出这样的问题后，又对他的印象改观了几分。

孟子在心里长叹一声，连曹交这种人也仰慕尧舜，齐王和宋君居然不感兴趣！

这样一想，孟子对曹交的印象又改观几分，他笑着说："你努力践行尧舜之道，就能够成为尧舜那样的人。"

曹交傻乎乎地看着孟子："先生能否说得更明白些？"

孟子说："如果有人连一只小鸡也举不起，他就是个无力之人；如果有人可以举起三千斤，他就是个有力之人。所以，如果一个人力气和大力士乌获一样大，他就相当于乌获。"

曹交像个痴呆一样张着嘴，说："还是不太明白。"

这下轮到孟子挠头，想了半天，反而问曹交："和长者同行，走在长者后面，是因为走路速度不如长者吗？"

曹交犹如一问三不知，终于遇到送分题的学渣一样，忙说："我知道，不是因为走不过长者，是因为尊重长者。"

孟子欣慰地点点头，说："很多人没有成为尧舜也是这样，不是因为做不到，而是没有尽力去做。"

曹交好像有点儿明白："那请问先生，怎样才算尽力践行尧舜之道呢？"

孟子说："穿尧舜的衣服，说尧舜的话，做尧舜做过的事，就算尽力践行尧舜之道，就可以成为尧舜了。如果像效仿尧舜一样效仿桀纣，就会成为桀纣。"

以前，孟子也对别人说过这话，但总有人和他抬杠："你知道尧穿什么衣服吗？"

见孟子支支吾吾，别人就笑他："如果尧裸奔呢？"说罢，嘻嘻哈哈而去，留下孟子尴尬地怔在那里。

孟子其实想和人解释："我只是打个比方。"

但曹交不会和孟子抬杠，他明明只是似懂非懂，却仍然非常高兴。他非常高兴，不是认为自己一清二楚，恰恰是因为知道自己似懂非懂。似懂，说明他勉强听得懂孟子的解说；非懂，说明他还有向孟子继续学习的必要。

曹交早就想拜孟子为师。借这个机会，他对孟子说："我准备让邹君给我提供个住处，留下来在您门下学习。"

如果换作别人这样说，孟子或许会爽快地答应，但面对曹交他回答得很不爽快："尧舜之道就像大路一样，那么显眼，很难了解吗？"

曹交说："对我来说，确实有点难。"

孟子又恢复了冷冷的面孔："你回去吧，老师多的是，何必非得跟着我？"

姬宏的心情很沉重。

上次与孟子在宋国一别，他以为是永别，但他无论如何也没想到，永别的是他的父亲滕定公。

姬宏回到滕国的当年，滕定公便不幸去世。

姬宏心情沉重的原因，不仅是因为父亲去世，还因为国人的不理解。其实，也不仅是因为国人的不理解，他自己也有点儿举棋不定。

滕定公去世到现在，姬宏还没有为父亲举办丧事。

国人议论纷纷，太子是不是着急即位，才把国君的丧事搁置一旁。

他们不理解姬宏。姬宏没有办丧事，是因为他想给父亲办一场隆重而有礼的丧事，以体现他事死如事生的孝道。但让姬宏困惑的是，不知如何举办丧事，才显得隆重而有礼。姬宏打算先弄清楚这个问题，再举办丧事。

姬宏对老师然友说："能否替我去一趟邹国？"

然友很好奇："去邹国干什么？"

姬宏说："去邹国找孟子。"

然友不以为然："先君刚去世，太子不筹备丧事，为何急着找孟子？"

姬宏面无表情地说："找孟子就是为了办丧。"

然友说："先君的丧事与孟子又有何关系？"

姬宏有点不耐烦："想让老师找孟子问问,丧事到底该怎么办?"

然友有点儿不服气："如何办丧事,问孟子干什么?"

姬宏更加不耐烦："今年和孟子在宋国见过两次,他博学多才,知书达礼,听他的话感觉很受用,所以想向他请教丧礼的问题。"

然友听后闷闷不乐,黑着脸去邹国请教孟子。滕国和邹国相隔不过几十里地,然友还没完全恢复情绪,就已经见到孟子。

说明来由后,然友又有点儿后悔,不是后悔来邹国请教孟子,而是不该因素未谋面的孟子吃醋。

孟子是个颇有大师风范的学者,这是然友对孟子的第一印象,但孟子的第一句话,又让然友很不痛快。

孟子说:"不亦善乎!"

然友心想:"滕国的国君去世,你居然说不亦善乎,这说的是什么话啊?"

但才过须臾,然友又很后悔。孟子接着说道:"为父母举办丧事,就应该向太子学习,尽心尽力。"

然友的脸色顿时平静下来,问:"请问先生,如何才算尽心尽力地为先君举办丧事?"

孟子说:"曾子说过,父母活着时,以礼相待;父母去世后,循礼而葬,依礼而祭,便可谓孝顺。太子只要循礼而葬,便可谓尽心尽力。"

然友很急切,问:"关键就在于,如何才算循礼而葬?"

孟子长叹一声:"可惜,诸侯之礼,我没有学过。"

然友打了自己一巴掌:"我岂不白来一趟?"

孟子又笑道:"虽然没有学过,但我还是听说过,略知一二。"

然友犹如火烧眉毛:"那先生就快说吧!"

孟子口若悬河,说了许多,最后总结道:"将父亲下葬后,穿粗布孝服,喝稀粥,为父亲守丧三年,古人都是这样做的。太子这样做,就算得上遵循礼制。"

然友不太满意孟子的回答,尤其不赞同守丧三年。他又黑着脸返程了。

守丧三年,着实让人难以接受,不仅然友不赞同,滕国官员得知后,也纷纷提出反对意见。唯独姬宏认为很有必要,他向众人解释道:"孟子说曾子说过,循礼葬父才算尽孝道。守丧三年,这是礼制规定。"

滕国官员不服气道:"到底谁是太子的祖宗?"

姬宏说:"这话是什么意思?"

滕国官员没好气道:"如果孟子是你祖宗,你听从他便是。如果滕国历代先君是你祖宗,就不能听从孟子。"

姬宏黑着脸:"这话到底是什么意思?"

滕国官员说:"历代先君都没有守丧三年的习惯,古人也说过,丧礼必须遵循祖宗之法。如果太子还把历代先君当祖宗,就不应该听从孟子那个外人的。"

姬宏被驳得哑口无言,怔了一会儿,他说:"你们暂且退下,请容我再好好考虑。"

滕国官员走后,姬宏对然友说:"我还是想守丧三年。"

然友摇头叹气:"太子何必这么倔强!"

姬宏说:"老师何必多说,我意已决。麻烦您再替我去一趟邹国,将官员反对的情况说给他听,请教孟子该如何做。"

这次轮到然友有点儿不耐烦。见到孟子,孟子一副站着说话不腰疼的样子(然友看来),说:"太子应该坚持己见,不能被他人左右。"

然友带着情绪说:"坚持什么,怎么坚持,国人都反对!"

孟子有点儿激动,提高嗓门说:"管国人干什么!孔子说,国君死了,太子将国事托付给国相,哭悼先君,百官必然跟着哭泣。"

然友心想:"他们敢不哭吗?"又问道:"你怎么知道百官会跟着哭?"

孟子说:"君子之德如风,小人之德如草,草随风倾倒,这是自然之理。上有好者,下必有甚焉者,只要太子做个好榜样,官员们肯定紧随其后。能不能守丧三年,全看太子的决心。"

然友认为孟子想当然,回滕后,他希望姬宏按祖宗之法行事。姬宏却说:"确实是我自己的原因,我应该坚持真理。"

说要坚持真理,但姬宏还是做了灵活变动,守丧三年只针对他自己,更重要的是,丧礼期间没有颁布任何禁令。滕国官民一如往常,该怎样就怎样。这时,滕国官员的态度也发生逆转,改口称赞姬宏"知礼"。

滕定公下葬那日,人山人海,观礼的人群如潮水般从四面八方涌来。姬宏触景生情,号啕大哭,滕国官民也跟着痛哭流涕,哀声惊天动地,渲染出一种隆重的悲恸,滕定公的葬礼可谓极尽哀荣。

事后,有人将这场成功的葬礼告诉孟子。

孟子乍一听很高兴,仔细想想,心里又有些不是滋味。

孟子的不是滋味又很快被喜悦掩盖。

孟子之所以喜悦，是因为鲁景公去世，鲁平公即位。而且鲁平公将施行仁政。不仅如此，鲁平公还打算让乐正克执政。

乐正克是周人，孟子入齐后，乐正克慕名拜他为师。孟子非常欣赏乐正克，不仅因为他是自己的第一批弟子，还因为他也是学术成就最高的弟子，后来乐正克开枝立派，创立"乐正氏之儒"。

其实，孟子欣赏乐正克，也不仅因为他学术成就高，更因为他政治成就高。孟子是个满怀政治理想的人，可惜不得列国诸侯所用，门下的弟子也大多仕途不顺，连一官半职也没有，唯独乐正克在鲁国官场如鱼得水。

孔子的学生中，出仕列国的大有人在。孟子的学生中，除了乐正克，极少做官。纵然做官，也没有做大官。因为乐正克的存在，孟子的学生中便有了大官，孟子感到颜面有光，便更加欣赏乐正克。

听说乐正克将在鲁国执政，孟子兴奋得手舞足蹈，一晚没睡。此时的孟子，就像一个将自己未完成的理想寄托于孩子的父亲，急切希望乐正克能够替他实现仁政理想。

不过，和那样的父亲相比，孟子又有不同。

孟子本来很矜持，但由于太高兴，显得很沉不住气。他毫不掩饰自己的兴奋地说："乐正克将在鲁国执政，我实在太高兴了，高兴得根本睡不着觉。"

说这话时，学生公孙丑就在孟子身边。公孙丑的情绪反而比孟子平静得多，他不冷不热地问孟子："乐正克能力很强吗？"

乐正克虽是孟子的学生，但毕竟是官员有公务在身，没有像公孙丑等人那样，跟随孟子游学，和老师同学们相处的时间不长，所以公孙丑并不了解乐正克。孟子告诉他："其实，乐正克的能力并不强。"

公孙丑又问："他聪明过人、深谋远虑吗？"

孟子说："也不是。"

公孙丑有点儿不服气："那么，他见多识广？"

孟子摇头说："也谈不上见多识广。"

公孙丑更不服气："既然他没有任何长处，执政也肯定没有多大作为，老师为何高兴得睡不着觉？"

孟子反驳道："谁说乐正克没有任何长处？"

公孙丑说："一个官员，既不聪明，又没见识，能力还不强，他还有什么长处？"

孟子做了个否定的手势，说："乐正克的长处，比这三点更重要。"

公孙丑不觉上身前倾："他到底有什么长处？"

孟子一副众人皆醉我独醒的样子，说："他喜欢听从善言。"

公孙丑差点笑出声来，脚下重心不稳，连退几步，问："喜欢听从善言就可以治理好鲁国？"

孟子仍沉浸在自己高深的见解中："喜欢听从善言，治理天下都足够，何况治理鲁国！"

公孙丑抿着嘴，又问："治理天下有这么简单？"

孟子脸上绽放出孩童般灿烂的笑容，说："就是这么简单。一个人喜欢听从善言，那么天下人都会将善言告诉他，如此便能集齐众人的智慧，治理国家岂非轻而易举？"

公孙丑说："难道就没有一两个坏蛋滥竽充数，把坏话当好话进献？"

孟子深沉地说："这正是我要和你说的。如果一个人不喜欢善言，就不会有人给他进献善言，四面八方传来的都是谄谀之言，国家又怎会太平？"

公孙丑说："我也知道要听从善言，这个道理想必所有人都知道，可关键在于，究竟什么话才是善言？"

孟子眨了眨眼："这个，这个以后会说。老师现在跟你说个事，我决定去鲁国。"

公孙丑点点头，以示赞同。他非常清楚孟老师的想法，孟老师不仅寄理想于乐正克，更希望与乐正克共同实现理想。

孟子认为，连乐正克也可以得到鲁平公的赏识，那么，他作为乐正克的老师，没理由得不到鲁平公的器重。

说不定，当他孟轲来到鲁国后，鲁平公会以最隆重的礼仪欢迎他，将首席执政的位置让给他，让乐正克给他当助手，一同践行伟大的仁政路线。

想到这里，孟子满怀憧憬，迫不及待地奔赴鲁国。

空欢喜一场

一到鲁国，孟子就有种不祥的预感。

孟子踏入鲁国国都后，既没有隆重的欢迎礼仪，也没有高官厚禄相待，他甚至连鲁平公的人影也没见着。

鲁国毕竟不是邹国那样的袖珍国家，虽无法与战国七雄相提并论，但几百年来仗着周公的名气，在江湖上也算有头有脸的人物。孟子虽然名气显赫，但鲁平公也不至屈尊离宫，像臣仆一样迎接孟子。

事实上，鲁平公得知孟子入鲁，原本准备见孟子一面的。而且，不是召孟子相见，而是出宫与孟子见面。

这就给足了孟子面子。

但鲁平公亲自拜访孟子，并不是因为孟子的名气，而是因为孟子的学生乐正克。孟子入鲁后，乐正克便向鲁平公推荐孟子，希望鲁平公与孟子一见。还说，孟老师脾气硬，不愿意被征召，希望国君屈尊亲自拜访。

鲁平公虽略有不快，但被乐正克的推荐语打动，很想见识一下孟子这位大名鼎鼎的学者。

然而，正当鲁平公准备出发时，意外突然发生。

导致意外发生的，不是老天爷，也不是旁人，正是鲁平公的身边人——他的宠臣臧仓。

臧仓不喜欢孟子的高谈阔论，他认为孟子言行不一。鲁平公准备出宫时，臧仓明知故问："以前国君外出，都会提前告知地点，今天马车都已准备，却不知国君将去哪里，能否告知臣下？"

鲁平公说："我准备去见孟子。"

臧仓一副替鲁平公很不值的样子："您好歹也是个国君，为什么自降身份去见孟子？他不过是个普通人！"

鲁平公感觉被看扁，连忙打断臧仓："不，孟子不是普通人，他是个贤人。"

臧仓用怪异的语调反问道："他真的是贤人吗？"

鲁平公挺不服气："他难道不是贤人？"

臧仓摇摇头："他真的不是贤人。"

鲁平公不想多说："他怎么就不是贤人？"

臧仓使出杀手锏："依臣看，孟轲说的比唱的好听，三句话不离仁义礼智，国君知道他干过什么荒唐事吗？"

鲁平公很好奇："他能干什么荒唐事？"

臧仓装作一副忠厚的样子，说："他整天说要遵守礼仪，可是他自己，办母亲的丧事比父亲的还隆重。就这样心口不一的人，国君何必屈尊见他？"

被臧仓这么一说，鲁平公登时有点反感孟子，他觉得孟子实在是沽名钓誉："你孟轲想在鲁国谋份差事，不主动拜访我就罢了，何必要让我堂堂一个国君屈尊拜访你？难道就为成全你威武不能屈的美名？"

见鲁平公脸色有变，臧仓又趁机加大力度鼓吹。鲁平公烦了，没好气道："别说了，不见就不见吧！"

此时，孟子正在住所和学生们聊天，一副风轻云淡的姿态，但内心正在焦急地等待鲁平公。结果，从白天等到傍晚，又从傍晚等到夜深，始终没见到鲁平公的人影。

孟子不免有些失落，乐正克也感觉很没面子，在孟老师面前抬不起头来。

第二天，他便迫不及待入宫，一副质问的口气："不都说好了吗，国君为何突然变卦不见孟子？"

鲁平公讪讪道："这也不能全怪我。"

乐正克听出了端倪，忙问："这到底是怎么回事？"

鲁平公说："臧仓告诉我，孟子是个言行不一的人，他举办母亲的丧事比举办父亲的丧事还隆重。"

乐正克一副恍然大悟的样子："国君是认为孟子葬父时用的士的礼节，而葬母时却用的大夫的礼节吗？"

孟子因为母丧比父丧办得隆重，一度被人诟病，但学生们非常理解他："父亲去世时，孟子只是个普通士人；母亲去世时，孟子却已是齐国大夫。前者用士人礼，后者用大夫礼，这非但无可非议，恰是遵循礼制的表现。"

可鲁平公却说："不是这样。"

乐正克百思不得其解："不是这样，还能是哪样？"

鲁平公嘘声嘘气地说："葬母的棺椁和寿衣都比葬父的精美。"

不计较前后葬礼的高低，却苛求细节方面的不同，乐正克火冒三丈，鲁平公这样说，显然存心忽略孟子，连借口都不用心找。他气得大声否定鲁平公："老师没有做错，这是贫富不同所致，葬父时他还不富裕！"

鲁平公一愣，没有反驳。乐正克向鲁平公道了别，气咻咻地大步流星而去，留下鲁平公面无表情地怔在那里。

乐正克离开后，马上找到孟子，向老师解释："学生和国君说过，国君起初确实答应来见您，都是臧仓从中搅局，国君才出尔反尔。"

孟子长叹一声："这关臧仓什么事！"

乐正克挠头问："不是臧仓从中作梗，国君肯定会来看老师，怎么不关臧仓的事？"

孟子一副智者的姿态："人若成事，必有一种力量指使他；人若不成事，也必有一种力量阻止他。鲁君没有见我，这都是天意，区区一个臧仓如何能做到？（吾之不遇鲁侯，天也。臧氏之子焉能使予不遇哉？）"

嘴上虽这样说，心里却未必这样想，或许，这只是孟子掩盖尴尬的说辞罢了。如果鲁平公不见孟子是天意，那么，齐威王不施行仁政是否也是天意？宋君偃不重用孟子也是否是天意？

见鲁平公不器重自己，孟子才来鲁国没多久，便想着离开鲁国。孟子当初来鲁国，是因得知鲁平公将让乐正克执政，可孟子决定离开鲁国时，鲁平公并没有炒掉乐正克。

乐正克将来能否真在鲁国执政，乐正克执政后是否能行仁政，乐正克若行仁政效果如何，这些问题孟子似乎都已不在意。

但孟子也有在意的事情，他正准备离开鲁国时，听说鲁平公决定与齐国开战，夺回被齐国侵占的南阳（今山东泰安）之地。孟子犹如抓到憎恨的对手的把柄一样激动，猛烈抨击道："不思教化百姓，却让他们打仗，这是祸害百姓！这种祸国殃民的东西，在尧舜时代，必不被世人相容！"

说完，孟子还不解气，他担心万一鲁国战胜，又骂道："别说鲁国打不过齐国，就算打得过，也不可以！"

鲁国将军慎滑厘听到孟子的高见，勃然不悦。慎滑厘正是此次伐齐的总指挥，他不客气地对孟子说："我搞不懂你为何会有这样的谬论！"

孟子激动地说："我告诉你，天子的领土纵横千里，没有千里，就不够接待诸侯；诸侯的土地纵横百里，没有百里，就不能供奉礼制。"

慎滑厘厌烦地打断道："你说的都是什么东西，牛头不对马嘴！"

孟子自顾自地说："鲁国刚建立时，封地其实少于一百里，可如今却是从前的五倍，你认为如果有王者兴起，鲁国的土地是该增加还是减少呢？"

慎滑厘又一脸鄙视："真不知你在说什么！"

孟子却得意道："对仁人来说，即便不通过战争手段，白送给他土地，他也不会要，何况杀人争夺土地呢？"

听到这句话，慎滑厘一蹦三尺："孟夫子，你这就是扯淡了，那商汤和武王是如何统一天下的？照你这么说，他们难道不是仁人？"

孟子支支吾吾半天，说："这是两码事。作为臣子，应该辅佐君主追求仁义，怂恿君主发动战争就是不仁的行为。"

慎滑厘却咬住不放："怎么就是两码事？"

孟子说："商汤武王是顺从天意，替天行道，你这是逆天而行，两者能相提并论吗？"

慎滑厘在心里嘀咕："谁知道天意，还不是自己说了算。"

不过，慎滑厘最终还是放弃了夺回南阳的军事计划。慎滑厘放弃军事计划，不是被孟子说服，而是鲁平公不想与齐国开战。鲁平公不想与齐国作战，也不是被孟子说服，而是鲁平公终于冷静下来。

鲁平公刚即位时，如同十六七岁的小伙子，自命不凡，满腔热血，志向远大。这时候，他有初生牛犊不怕虎的精神，敢于挑战任何困难，这不是他多么勇敢无畏，而是无知者无畏，撞了南墙才知回头。

做了几个月国君后，鲁平公成熟得很快，虽然雄心壮志仍存，但已感受到肩上的担子，多了几分顾虑，学会冷静周全地思考问题。齐国势力如日中天，六雄无不闻风丧胆，鲁国怎么可能击败强齐？纵然一时侥幸取胜，也必然免不了遭受齐国疯狂的报复，后患无穷。

伐齐之战就这样不了了之。

但孟子还是决定离开鲁国。因为鲁平公只是改变对齐国的政策，并没有因此改变对孟子的态度。

孟子 战国逆行者

离开鲁国去哪儿？

孟子当然想过这个问题，他很早就想去魏国，但后来因故回到邹国。听说乐正克的事，又来到鲁国。如今，他自然可以完成去魏国的心愿。

但孟子这时不想去魏国。孟子不是不想去魏国，而是他更想去滕国。孟子本来不想去滕国，但在鲁国碰了一鼻子灰，又担心在魏国也碰一鼻子灰，便决定去滕国冲冲晦气。

孟子坚信，滕国一定不会像鲁国那样冷落他。因为滕国的国君是他的铁杆粉丝。滕定公死后，姬宏已顺利即位，是为滕文公。

不过，孟子去滕国，也不完全是冲晦气，他还是抱着侥幸心理，希望到滕国后能大有所为，尽管滕国只是个袖珍国。

不出孟子所料，姬宏得知孟子来到滕国，比过节还高兴。姬宏用最隆重的礼仪迎接贵客孟子，并将他安置在滕国最高档的酒店（馆于上宫）。

可是，在一片欢天喜地的同时，又发生了一件不愉快的事。

孟子入住的酒店，发生了一起盗窃事件，一双未织好的鞋子被盗。有人居然怀疑，偷窃鞋子的是孟子的学生，便对孟子说："鞋子是不是被先生的随从藏起来了。"

话尽管说得很委婉，却仍然让孟子很不高兴，他理直气壮地质问道："你难道认为我的学生跟着我来滕国，就是为了偷你们的鞋子？"

那人身体轻轻一抖，忙说："我真不是这个意思！"

孟子不依不饶："那你是哪个意思？"

那人说："先生有教无类，只要是抱着真心学习的态度的人，先生都不会拒绝。但问题就出在这里，这其中难道就没有混入几个品行不端的人吗？"

归根结底，还是怀疑孟子的学生偷鞋子。但那人说这句话时，恐怕并不知道，当初曹交想拜孟子为师，却被孟子断然拒绝。孟子或许有教无类，但绝不是"收徒无类"。

可是，如果孟子"有类"收下的学生，却被证实是个小偷，无疑是件更难堪的事情。不过，孟子一口否定学生盗窃，也没有谁敢在这件事上刨根问底。

然而，姬宏却决定立刻见一见孟子。

因为他感到恐慌。姬宏之所以恐慌，是因为齐威王的小儿子田婴正在滕国边境地区搞小动作。

但田婴的看法与姬宏不同，姬宏认为他居心不良，田婴却认为自己合理自卫。田婴被齐威王封在薛地，薛地南部与滕国接壤，田婴决定在边境地区修一座城，目的只是为确保薛地不被侵犯。

越弱小越敏感，姬宏却怀疑田婴筑城是战备，已经对滕国虎视眈眈。可他又对危险无能为力，只好向孟子求助："田婴在边境筑城，弄得我惴惴不安，请问先生，我究竟该如何是好？"

孟子说："你急也没用，不如看开些。"

姬宏忙问："看开些就能确保滕国安全？"

孟子摇摇头："不能。"

姬宏不解："那先生为何还要叫我看开些？"

孟子说："因为古人这样做过。当年文王的爷爷太王住在邠地，狄人来犯，他便离开邠地，搬到岐山住下来。你以为太王愿意迁徙吗？也是不得已呀！但太王是个乐观派，既来之，则安之，又以饱满的热情投入生活。"

姬宏带着情绪说："太王可以迁徙，可我不能！"

孟子笑道："我可没说你会迁徙。我的意思是说，你应该向太王那样，乐观一些，不要想太多，努力行仁政就是。你要坚信，只要努力行仁政，是一定会有收获的，就算你这一代没有，你的子孙后代也会有，就像太王行仁政曾孙武王得天下一样。退一万步说，就算没有收获，那也是天意，你急也没用。"

听完孟子的劝导，姬宏的情绪渐渐平复。没过多久，他又问孟子："田婴还不是我最担心的，滕国实在太小，就算对大国再恭敬，也无法避免被大国欺负，先生有没有办法可以助我摆脱这种困境？"

孟子说："我有两种方法，不知您选择哪一种？"

姬宏大喜："先生不妨说来看看。"

孟子说："第一种方法是向太王学习。太王当年住在邠地时，被狄人欺负，便拿出宝贝讨好狄人，可狄人还是欺负太王。太王便说：" '狄人看来是想要我的土地，我不能为了保住土地，就忍受狄人欺负，伤害这片土地上的百姓。' "

姬宏打断道："太王可真是个仁人！"又忙问道："太王是如何解决这个问题的呢？"

孟子说："太王当时对人说，邠地的百姓何愁没有君主，我既然不能保护他们，就离开吧。所以，太王便搬到了岐山下。"

姬宏摇头叹气。孟子明白姬宏的想法，于是问道："你知道后来发生了什么神奇的事吗？"

姬宏又来了兴趣："发生了什么？"

孟子说："太王离开后，邠地的百姓都说，太王是个仁人，我们不能抛弃他！于是，百姓们又跟着太王来到岐山，继续做他的子民。"

姬宏挤出笑容说："确实神奇！那么，先生所说的另一种方法呢？"

孟子说："这种方法您听说过。"

姬宏有些意兴阑珊："是吗？"

孟子说："您一定听说过，就是人们所说的，土地是祖先传下来的，我个人没有权力抛弃，所以宁死也不离开自己的土地。"

姬宏面无表情地恭维道："先生说得没错，我确实听说过。"紧接着又问道："咱们说点更现实的吧，滕国夹在齐楚两个大国之间，谁都不能得罪，先生认为，滕国究竟侍奉哪个大国更好？"

孟子潜意识里想说行仁政，但显然，姬宏不想再听到这样的回答，他希望孟子教他更务实，或者说救急的办法。孟子想了半天，不自然地说："这个问题，说实在的，我没法回答你。"

姬宏反倒更有兴趣："这是为何？"

孟子眨了眨眼，说："惭愧，我不知道怎么回答。"

姬宏以为孟子谦虚："您还是说说吧，拜托了。"

孟子挠了挠头："好吧，我只能这样告诉你：深挖护城河，加固城墙，与百姓同甘共苦，共同抵抗外辱。"

"这样就可以了？"显然，滕文公认为孟子的答案太老生常谈。

孟子硬着头皮说："如果百姓宁肯牺牲，也不抛弃不放弃，那还是有希望的。"

孟子说完，姬宏一声不吭，不想再和孟子多说半句。

姬宏不想再和孟子多说，不是开始反感孟子，也不是认为孟子徒有虚名，而是认为孟子不擅长军事外交问题。姬宏还是更喜欢和孟子谈论政治礼仪问题。

乘孟子有空，姬宏又来拜访他，还和从前一样恭敬，问："先生有没有什么治国的诀窍？"

孟子欣然道："多的是。"

姬宏笑道："那就请先生赐教，我洗耳恭听。"

孟子说："若想治理国家，就必先知道治国的当务之急。"

姬宏忙问："治国的当务之急是什么？"

孟子说："关心百姓，百姓的事就是当务之急。"

见姬宏点了点头，孟子的表达欲望陡增："《诗经》上说，白天割茅草，晚上绞绳索，尽快修缮房屋，到时播种五谷。"

姬宏不知其意："先生想表达什么？"

孟子看了姬宏一眼，又说了句名言："有恒产者有恒心，无恒产者无恒心。"

姬宏更加糊涂："这又是什么意思？"

孟子说："我想用这两段话告诉您，百姓的农业生产很重要。要知道，一个人如果什么产业收入都没有，那么他便会无所顾忌，毫无廉耻，为所欲为；但如果一个人有一定的产业收入，便会有顾忌，养成并遵守一定的道德准则。这样国家就容易治理。所以，作为国君，务必保证百姓的正常生产生活。"

姬宏深以为然，又问："然后呢？"

孟子说："鲁国人阳虎说过一句很经典的话——为富不仁矣，为仁不富矣。"

姬宏说："那先生又有何高见？"

孟子说："我想这句话的意思是说，国家的税收政策一定要合理，不能总想着剥削老百姓发财，否则便是不仁的行为。"

姬宏不觉身体前倾："先生说到我心坎里了，请问先生，滕国采取哪种税法比较好呢？"

孟子说："古代有三种税法，夏代每家五十亩地行'贡'法，商代每家七十亩地行'助'法，周代每家一百亩地行'彻'法，虽然制度不同，其实都是10%的税率。"

"先生的意思是，这三种税法都可以？"

孟子摇摇头："不，龙子说，最好的是助法，最差的是贡法。"

姬宏不解："既然都是10%的税率，为何贡法最差？"

孟子说："贡法太死板，虽是10%税率，但税金是固定的。因为贡法缴税的基数是固定的，通过平均若干年收入确定。这也就意味着，不管丰年还是灾年，百姓都要缴纳固定的税。丰年还能应付，一旦遇到灾年，赋税就足以压得百姓家破人亡。"

姬宏突然想到："先生曾说，文王、武王、周公都是圣人，那为什么周代的彻法不是最好的税法？"

这个问题很刁钻，换作以前，可能难倒孟子。但孟子始终坚信文王的制度是完美的，后来深思熟虑终于想通，他说："《诗经》上也说过，雨先下到公田，再落到私田，只有助法才有公田，周代也有公田，可见周代其实也是助法。"

没待姬宏发问，孟子又说道："解决百姓的生活问题后，就要开始重视教育问题，只有让百姓们懂道德、知礼仪，才能紧密地团结在一起，国家就能得到大治。但切记，教育百姓应该由上及下，要让贵族官员们给百姓做榜样。"

教育的问题姬宏比较熟悉，但税收的问题姬宏还是一知半解。后来，他又派人向孟子请教井田制的问题。

姬宏之所以没有亲自询问，可能由于他公务繁忙，一时脱不开身，但又迫不及待想知道答案。

井田制是上古时代的土地制度，将每一方里的土地分成九百亩（井字形），其中八百亩是私田，交给八户百姓耕种；剩下一百亩是公田，由八家百姓共同耕种。先耕种公田，再耕种私田。公田的收入归贵族，相当于给公家缴税，私田的收入归自己。

孟子时期，井田制已基本瓦解，所以姬宏不清楚具体内容。孟子详细给姬宏的使者解释完井田制后，又建议道："也没必要全部采取井田制，在税收上，滕国可以采取两种方式，城市施行10%的税率，乡野施行井田制。"

使者边听边记录，孟子边说边看着使者记录。使者越记录，孟子就越高兴，表达欲望就越强烈。因为他知道姬宏是真心实意想施行仁政。孟子又和使者说了许多，虽不免有照本宣科之嫌，但说得非常详细。

孟子游说诸侯以来，还从未如此深刻细致地谈论仁政。以前大多泛泛而谈，鼓吹的大抵是行仁政的益处，但极少详细阐述行仁政的具体措施。

不是他不想说，而是没人有兴趣了解，他想说给齐威王听，齐威王根本不给他私聊的机会；他想说给宋君偃听，还没进入正题，宋君偃就一副昏昏欲睡的姿态；他以为鲁平公感兴趣，结果鲁平公比齐威王更"绝情"，连见面的机会也不给。

没想到，真正让孟子畅所欲言的，居然是一度被他忽视的滕国国君姬宏。

滕文公姬宏不仅尊重孟子，听从孟子，更决定在滕国实践孟子向往的仁政，在孟子眼中，他简直就是文王再生。

不过，文王以区区方圆百里之地得天下，孟子每想到这里，又为滕国感到遗憾，更为自己感到遗憾。

正当孟子感叹造化弄人时，一位不速之客的到访，让他的情绪如火山爆发。

这位不速之客不是来拜访孟子，而是滕文公姬宏的仰慕者。他听说姬宏将行仁政，便特意从楚国赶到滕国，希望在滕国定居下来。

可是，这位仁政的仰慕者，却又是孟子的反对者。本来，孟子不想和他争辩，可他偏偏主动挑衅孟子，从来只有孟子批评别人，孟子何曾受过这样的窝囊气？

孟子鼓吹的尧舜之道，被齐威王等政治家认为天真，但孟子发现此人更天真，或者说孟子认为这才是真正的天真，这又让孟子生出几分务实的优越感。

当一个屡遭强者欺压的弱者，遇到一个挑衅他的更弱者，必然会奋起反击，将在强者那里受到的委屈连本带利发泄给更弱者。孟子的情况虽有所不同，但想把天真的帽子甩给更天真者的心理，却与之相似。

这位更天真者，或者说孟子眼中真正的天真者，名叫许行，楚国人，是当时著名的农学家。

许行与孟子有相似之处，孟子崇古，许行也崇古。但两人又有所不同，孟子更崇拜尧舜，许行则是神农的超级粉丝。

孟子向往仁政，许行也向往仁政。但两人又有所不同，许行比孟子更"仁"。孟子承认社会分工不同的合理性，体力劳动与脑力劳动从事者均不可少；而许行却认为，体力劳动从事者光荣，脑力劳动从事者可耻。因为在许行看来，脑力劳动从事者是不劳而获，比如列国国君和官员，都是可耻的剥削者。

孟子的理想国，用一句话概括：他眼中的尧舜时代就是他心中的理想国；而许行的理想国，是一个没有阶级、没有剥削、没有压迫，共同劳动、共同消费、共同生活，极其原始的农耕社会。

这种社会中国历史上也曾出现，那便是氏族社会。看来，在复古的道路上，和许行相比，孟子也望尘莫及，许行一口气甩了他几千年。

正因为他在复古的道路上跑得更远，所以，他对跑得不够远的孟子和他的粉丝姬宏不是特别满意。他对学生陈相说："和楚王比，滕君确实算得上贤明，不过，他还是没有领悟到真正的治国之道。"

陈相也是楚国人，他本来是孟子的同志，师承楚国大儒陈良。陈相跟随陈良学儒几十年，按说在儒学上应该颇有造诣，即便没有造诣，能让他学儒几十年，也应该对儒学坚信不疑。可令人费解的是，老师陈良死后没多久，陈相便毅然决然地抛弃儒学。

听说许行来到滕国，陈相也带着他弟弟陈辛来到滕国，粗布麻衣，背着农具，一副农夫打扮，求见姬宏。姬宏友好地接待了陈相兄弟二人，陈相乘机对姬宏说："听说您想施行圣人的仁政，那么您就是圣人，我兄弟俩想做圣人的百姓。"

这一番马屁，拍得姬宏非常受用。就这样，陈良也在滕国定居下来。后来，他又亲自拜访许行，并成为许行的门徒。

陈相到底是道行尚浅，当许行提出姬宏没有领悟治国之道时，他非常不解："滕君都已行仁政，老师为何还说他不懂治国之道？"

许行以睿智的口吻说："真正的贤君，应该和老百姓同耕同食，你看，滕国居然还有国库，这意味着滕君还是靠老百姓养活，这就是剥削百姓，不是贤君所为。"

陈相恍然大悟地点点头。

没过多久，他就把许行的这番话转述给孟子。陈相向孟子转述许行的话，不是向孟子请教，而是有借许行之口批判孟子的意味。毕竟，姬宏的所作所为，都是严格遵照孟子的仁政思想，最多针对现实做了一些必要的灵活变动。

思想"叛徒"和叛徒一样，对自己人比敌人往往更狠，这是因为，叛徒们需要通过否定从前，以证明自己的"背叛"是痛改前非、弃暗投明。所以，陈相的话显然具有挑衅意味，要让孟子和他的儒学败下阵来。

陈相的挑衅，孟子可以理解成陈相的挑衅，也可以理解成许行和他的农家的挑衅。因为陈相是许行的高徒。

孟子很不高兴。但孟子不高兴，又不是因为陈相挑衅，而在于挑衅本身，否定孟子思想的正确性。也不仅因为陈相否定他，还因为孟子反感陈相背叛儒学。也不仅因为陈相背叛儒学，还因为原资深儒者陈相的背叛，让整个儒学集团颜面无光。

陈相话音甫落，孟子就没好气道："照你这么说，许子（许行）吃的粮食，全都是亲自劳动所得？从来没买过粮食？"

许行也算当时的知名学者，深受诸侯列国礼遇，跟随他来滕国的学生就有数十位之多，孟子以为陈相第一回合就要败阵，许行这样一位显赫人物，难道还真自耕自食？不料陈相轻松说道："许子确实没买过粮食。"

孟子面部略微抽搐了一下，忙问："许子的衣服难道都是自己织的？"

陈相笑道："老师压根就不必织衣服，他穿的是粗麻衣。"

孟子脸色略变，追问道："许子戴帽子吗？如果戴，是什么帽子？"

陈相说："戴，白帽子。"

孟子仿佛抓到一根救命稻草，忙问："帽子是怎么来的？也是自己织的？"

陈相说："这倒不是，用粮食换的。"

孟子一跃而起："许子不是说什么东西都必须劳动所得吗？他为何还要用粮食换？他为什么不自己做帽子？"

陈相激动道："许子这样做，不是担心影响农活吗？你以为他乐意啊！"

孟子一副不屑的神态，又问："许子做饭用锅吗？耕田用铁农具吗？"

"是的。"

孟子也突然激动起来："他为什么不自己做？！许子那么能，他怎么不承包家里所有的生活生产用品，非得与人交易，不'劳'而获？"

陈相不服气道："许子要干农活，哪还有时间干工匠的事？"

不料，这句话正中孟子下怀，孟子瞪着陈相高声道："难道滕君治理国家就有时间耕田？许子为了不影响农活，可以与别人交易，滕君为何就不能将时间都用在治理百姓上，通过脑力劳动生活呢？"

接着，孟子像教育小学生一样训斥陈相："有人做官，有人做民，有人做工，有人种地，社会分工不同，这是很正常的现象。如果人人都像许子那样，非自己体力劳动所得不用，社会就会乱套，人人都会活得很累。"

"官员有官员的事，百姓有百姓的活，劳心者治人，劳力者治于人；治于人者食人，治人者食于人，这样的道理你难道不懂？"

陈相面红耳赤地想了半天，说："凭什么劳心者治人，凭什么治人者食于人，这不还是压迫剥削百姓吗？"

孟子应声反驳道："既然这样，许子有种就别和人交易啊？交易而来的东西，可不是他自己的劳动成果！"

陈相支支吾吾许久，无言以对。孟子乘胜追击，企图以尧舜的事迹说服陈相。

尧舜不仅是孟子的偶像，也是当时人心中的圣君，有所不同的是，孟子心中的尧舜，比其他人心中的尧舜更伟大。

孟子向陈相讲述自己心中的尧舜，尧舜如何爱民如子，为百姓的生活殚精竭虑，根本无暇顾及自己的私事。说着说着，孟子又谈到大禹，大禹治水如何艰苦；又提到周朝始祖后稷，后稷教百姓耕种如何繁忙。最后，他向陈相总结道："像尧舜这样的圣人，治理百姓都忙不过来，就算想自耕自食，有时间吗？"

"许子没有时间制造生活用品，可以与人交易；君主没有时间种地，为何就不能靠百姓供养？他们为百姓付出，百姓供养他们，这难道也算剥削？"

孟子正说得唾沫横飞时，陈相却心不在焉，还不时"呵呵"两下。孟子说完，他做出一副耳朵听出茧的表情，说："呵呵，说到底，还是吃百姓的、喝百姓的，说得那么高尚干什么？"

孟子肺都要气炸。一激动，原来谈论的仁政问题就不再重要，或者说被更重要的问题掩盖。孟子看到陈相那副自以为是的嘴脸，气就不打一处来，本来还可以忍住，但现在没能辩倒他，就忍无可忍。

于是，孟子开始攻击陈相："陈子（陈良）确实是位值得尊敬的学者，虽然是楚国人，但仰慕圣王之道，来中原学习，才学过人，不愧为豪杰俊才。可惜啊，可惜！"

孟子连说两句可惜，勾起陈相的好奇心："可惜什么？"

"可惜怎么就收了你这样的徒弟！"孟子恶狠狠地说道，不是骂人，胜似骂人。

陈相瞪着孟子："我怎么啦？"

孟子厉声道："孔子当年去世，学生为他守孝三年。可你呢，陈子一去世，你就背叛他！陈子教了你几十年，你难道对他一点感情也没有吗？"

陈相怯怯道："感情我有，可守孝三年，那是儒家的规矩，我这不改学农家了吗？"

孟子啐了一口，又开始攻击许行："许行一个南蛮子有什么资格反对圣人之道！（今也南蛮𫘝舌之人，非先王之道，子倍子之师而学之）我今儿就骂你陈相没出息了！"

陈相也不甘示弱："你有理说理，别动不动就骂人！"

孟子使劲一拍："骂了又怎样？《鲁颂》上说，戎狄是膺，荆舒是惩，对楚国这样的流氓国家，周公岂止骂，还要讨伐！你却向许行学习，这是自甘堕落！"

陈相也火冒三丈："拜许子为师怎么就是自甘堕落？"

孟子重新夺回辩论的主动权，语气又开始缓和："许子能教你什么？"

陈相说："许子能教我的太多！这样说吧，如果一个国家施行许子的学说，就能做到市场上相同商品的价格一致，比如说，鞋子的大小一样，价格也一样，童叟无欺。就算让一个三岁小孩去市场上买东西，也不会有人欺骗他。"

孟子"呵"了一声，说："真是唯恐天下不乱！"

"这样难道不好吗？"陈相的情绪又开始激动。

孟子说："物价不等，这是自然现象，因为商品的品质不相同（天物之不齐，物之情也。）。难道高档货和低档货也卖一个价格？许子如果这样做，就是扰乱天下！"

陈相嘴硬道："许子会不会扰乱天下，我不知道，反正你所谓的仁政，说白了还是剥削百姓！"

话题又顿时回到原点，双方谁也不能说服对方。这场唇枪舌剑的激烈论战，只能这样不了了之。

事后，孟子也像曾子那样三省吾身，他反省的是不耕而食的问题，但他反省的又不是君主不耕而食的问题。他坚定不移地认为，君主治理百姓、百姓供养君主，这是天经地义的行为。因为他的偶像尧舜是那样做的，他不可能否定自己的偶像，否定儒学的灵魂人物，除非他也像陈相那样"背叛"儒学。

孟子反省的是士人"不耕而食"的问题。陈相批评君主不耕而食，孟子最不能接受的还不是偶像被批判，而是偶像被批殃及自身。如果连国君也不能不耕而食，那么，孟子作为士人就更没有理由不耕而食。

可孟子出道以来，就一直在不耕而食，他从来没有干过农活，甚至连官也没有做过，一直靠教学收入和诸侯接济过日子。

难道孟子一直就是错的？

君子专吃白饭?

我怎么可能会错?

这是孟子反省的结果。他是尧舜根红苗正的信徒,是孔子忠实可靠的私淑弟子,尧舜不会错,孔子不会错,他孟轲就不会错。

如果说尧舜不耕而食,是因为他们是君主,那么孔子也曾不耕而食,像孟子那样靠教学收入和诸侯接济生活,既然孔子没错,他孟轲自然也没错。

但孟子认为自己没错,又不仅因为孔子没错,还因为他自己对士人不耕而食,有一套深刻的见解。

若干年后,孟子回首往事,当年他在滕国反思士人不耕而食时,公孙丑便问过他一个很尖锐的问题。

公孙丑得知孟老师与陈相的辩论后,居然对陈相的观点有几分赞同。其实,也不是赞同陈相的观点,而是由陈相君主也应自耕自食的观点,联想到士人不耕而食的现状。他认为,君主不耕而食可以理解,但士人并没有像君主那样治理国家,却也享受不耕而食的待遇,让人难以理解。

本来,公孙丑可以忽视这个问题,毕竟他自己也是不耕而食的士人,如果刨根问底对自己也没益处。但公孙丑是个正直的人,他想起在《诗经》里看到这样一句话:"不素餐兮(不要吃白饭啊)。"联想到自己如今的处境,又忍不住向孟子发问。

"老师,《诗经》说,不素餐兮,可君子又不耕而食,为何?"显然,公孙丑认为不耕而食就是吃白饭。

孟子顿了顿，说："君子居住在哪国，只要国君能重用，就能让哪国国泰民安；向君子学习，就能知书达礼，忠孝守信。君子对社会贡献如此大，不耕而食不是很正常吗？"

多年以后，孟子回忆此事，总不免有些遗憾。当时，他回答得太简单，极可能没有说服公孙丑。正因如此，他还记忆犹新，学生彭更也曾问过相似的问题，而且比公孙丑的问题更尖锐。

孟子收徒众多，弟子如林，学生们对他非常尊敬、钦佩，愿意跟随他游说诸侯，所以孟子每到一国，总是从者如云，车骑成群，声势浩大。

当然，这不是最重要的，最重要的是学生们的生活消费，通常由孟子供应。可问题的关键在于，孟子的教学收入在庞大的开支面前捉襟见肘，这时，就免不了接受诸侯的馈赠，而且数额不菲，如宋君偃一次便送给孟子七十金。

于是有人不理解，包括他的学生彭更。孟子并没有为列国做贡献，却率领庞大的弟子团队在列国"蹭吃蹭喝"，还接受诸侯们的慷慨馈赠，这是不是太不像话？

有次，彭更终于忍不住问孟子："老师，您每次游说列国，车辆数十辆，随从多达数百，这些人和物，都需要诸侯安置，可您又没为诸侯做什么贡献，这是不是有点儿过分？"

显然，彭更怀疑孟子不耕而食的合理性。孟子已深思熟虑过这个问题，他风轻云淡地笑道："如果不合理，别说这样麻烦诸侯，就是一筐饭也不能接受。如果合理，别说只接受列国的招待，就算接受天下也不过分。"

"舜接受尧的天下，你觉得过分吗？"

彭更说："话不能这样说，尧舜之事与这不同。"

孟子说："有何不同？"

彭更清了清嗓子，说："尧舜治理天下，有功于百姓，尧传位给舜，也是为了让舜治理天下。士人与尧舜不同，他们没有治理天下；也与农民不同，他们也没有种地。他们只是吃白饭，学生觉得这样不好。"

孟子没有反驳彭更，却说出一番莫名其妙的话："这个世界，本来就是互通有无，大家才能够各安其业。打个比方，农民和工匠，如果不互通有无，农民多余的粮食就会浪费，工匠就会饿死，当然，农民也得不到工匠的产品，这样双方都受损害。"

彭更挠头问："老师你说到哪里去了。"

孟子笑道："这个你先别管，老师想知道，你是否赞成老师刚才的观点？"

彭更说："当然赞同。"

孟子长叹一声："你为何就如此轻视士人！"

彭更惊得口嘴微张："老师何出此言？学生可没有！"

孟子说："既然你承认互通有无的重要性，那么，连工匠都可以凭技术谋生，士人为何不能通过道德和学识谋生？一个士人，仰慕圣王，孝顺父母，尊师重道，给社会起到良好的榜样作用，又给国家培养人才，难道不应该得到报酬吗？"

彭更却嘘声嘘气地说道："不应该。"

孟子有点儿脾气："你到底几个意思？"

彭更说："工匠工作，其动机就是为了混口饭吃。士人追慕圣王，推行仁政，难道也是为了混口饭吃？"

彭更的问题非常刁钻，如果孟子回答"是"，说明士人是打着仁义幌子追名逐利的伪君子；如果孟子回答"不是"，就不该接受诸侯的馈赠，更不该"吃白饭"。

孟子想了半天，像闷雷一样炸道："士人的动机是什么，干你何事！"

彭更脸色大变："老师又何出此言？"

孟子说："士人如果有功劳，就应该得到报酬，你管人家的动机干什么！老师问你，如果有人帮了你，你是论动机报答他，还是论功劳？"

彭更梗着脖子说："论动机。"

孟子在心里骂了一句，问："如果一个工匠，在你家新装修的房子里搞破坏，比如说在新刷的墙壁上乱画，他的动机也是为混口饭吃，你会满足他吗？"

彭更不知是计："不会。"

孟子哇呀一声："你可真虚伪！"

彭更不解："这怎么又扯到虚伪了？"

孟子说："你口口声声说论动机报答别人，不论功劳，刚才老师问你，如果工匠搞破坏，能不能满足他的愿望，你回答说不。这不是论功劳吗？"

彭更被驳得哑口无言。

事后，彭更很不服气，或者说有人不服气，第一，孟老师的比喻不合常理，不可能有那样的工匠，搞雇主的破坏还想获得报酬；第二，别人论功劳给予报酬，这没问题，问题是，士人不应该接受。

有人说，孟子的观点没有问题，有问题的是孟子的辩论。孟子的辩论看似无懈可击，实则偷换概念，明明占理却以狡辩取胜，反而显得强词夺理。

不过也有人说，这正是孟子善辩的体现，如果中规中矩地和人辩论，难免落入对方设计的陷阱。正所谓"辩不厌诈"，不如先声夺人，不拘小节灵活采取辩术，让对方落入自己设计的圈套。

孟子与人辩论，胜远多于败，这不能不归功于他灵活的辩术。俗话说兴趣是最好的老师，孟子出色辩术的养成，又要归功于他的好辩。

墨翟，禽兽也

认识孟子的人都知道，孟子是个非常好辩的人，而且他容不下异端观点。只要发现有人与他观点相悖，他必然奋起反驳，像一头好斗的公鸡，浑身毫毛竖起，恶狠狠地朝对方扑去，对方不低头就不罢休。

所有也有人说，孟子非常争强好胜，凡是都要争个输赢，而且只允许自己赢。

孟子却不以为然。他认为这是世人对他的误解，虽然他经常不依不饶地和人辩论，经常说得唾沫横飞，经常越辩越激动，甚至于撇开话题攻击对方，但是他对学生说："老师其实一点也不好辩。"

这不是个段子，这其实是事实。

孟子记忆犹新，有一年公都子问过他一个问题。孟子想到这个问题时，又不禁在心里骂了公都子几句。

公都子摆出他特有的求知似渴的表情，问孟子："别人都说老师好辩，这是真的吗？这又是为什么？"

不用说，公都子也认为孟子好辩。这是公都子一贯的作风，借别人之口表达自己的观点。

孟子瞪了他一眼，说："我难道好辩吗？"

公都子笑道："老师难道不好辩吗？"说完，他又觉得不妥，补充道："主要是别人都这么说。"

孟子长叹一声："其实我也是迫不得已啊！"

公都子感觉很好笑："这怎么又成了迫不得已？"

孟子又长叹一声："尧舜之时，洪水滔天，猛兽肆虐，世道混乱，尧舜呕心沥血，安定天下，多么伟大啊！"

公都子嘿嘿一笑："这关尧舜什么事？"

孟子又长叹一声："尧舜死后，世道变坏，好不容易出了商汤文王等圣人，没想到这些圣人去世后，世道又开始混乱！"

公都子忍住不笑："怎么又扯到商汤文王去了？"

孟子又长叹一声："过了好几百年，终于诞生孔子，孔子哀叹乱世礼崩乐坏，潜心编撰《春秋》，明辨是非，教化世人。孔子说：'知我者，其惟春秋乎；罪我者，其惟春秋乎。'他老人家追求真理的意志多么坚定啊！"

公都子本来想笑，这时又不想笑："这与您好辩到底有什么关系？"

听到公都子说他好辩，孟子忙说："我根本不好辩。"

公都子突然又想笑："为何不好辩？"

孟子终于步入正题："孔子死后，再也没有圣人诞生，世道越来越坏，各种异端思想涌现，连墨翟和杨朱都可以大行其道。世道乱成这样，人们被邪说迷惑，我作为圣人子弟，怎能不驳斥那些异端思想？"

"所以，我不是好辩，我是反驳邪说，而且还是不得已。"

公都子又不想笑，他严肃地问孟子："墨子和杨子是人们尊敬的学者，老师为何说他们的思想是异端邪说？"

孟子愤愤道："墨翟鼓吹兼爱，兼爱就是我爱人人，人人爱我，不分亲疏，把别人的爸爸当自己的爸爸，这不是无父吗？"

"至于杨朱，就更无耻。他主张为我，拔一毛而利天下不为，不愿为君主效命，这不是无君吗？"

孟子越说越激动，不禁啐了一口："墨翟和杨朱，一个无父，一个无君，无君无父，这不是禽兽吗？（杨氏为我，是无君也；墨氏兼爱，是无父也；无父无君，是禽兽也？）"

公都子想笑又不能笑，面无表情地看着孟子，既赞同孟老师，又觉得孟老师有点过分。不料孟子又道："如果不消灭墨翟、杨朱的学说，孔子的学说就无法发扬，邪说就会祸害百姓，这不是率兽食人吗？"

公都子突然很好奇："如果周公、孔子遇到墨翟、杨朱这样的人，该如何对待？"

孟子说："周公制定礼仪，孔子编撰《春秋》，都是为了震慑乱臣逆子，像墨翟、杨朱这样的人，正是周公、孔子要讨伐的目标。"

公都子替孟子长舒一口气，放松地点点头。孟子又重复道："老师不是好辩，老师也不是一个人在战斗，老师代表了儒学悠久的历史和传统，为继承周公、孔子的伟大事业而战斗，消灭邪说。"

说完，见公都子正在侧耳倾听，孟子又鼓励道："只要能够驳斥墨翟、杨朱的异端思想，就可以说得上圣人的门徒。"

公都子于是露出像圣人门徒那样虔诚的微笑。

孟子厌恶杨墨学说，两者之中，又更痛恨墨家思想。

杨朱虽"拔一毛而利天下不为"，但"取一毫而损天下亦不为"，可见杨朱不是一个自私自利的人，他只是更追求个体的独立性，他活得非常豁达。一个豁达的人，不会汲汲于推崇自己的学说，更不会热衷驳斥他人的学说。所以，孟子虽不赞同杨朱，但与杨朱学派的直接冲突较少。因为杨朱学派没有给他辩论的机会。

墨子则不同，墨子像苦行僧一样执着，他为了实现自己的理想，宁愿摩顶放踵，赴汤蹈火。墨子像孟子批判墨家思想一样，也曾激烈地抨击儒家学说，把孔门子弟批得一无是处，恨不得扔进粪坑再踩上几脚。

孟子痛恨墨子，不仅痛恨他兼爱的思想，他几乎三百六十度无死角痛恨墨家学说，尤其反对他非乐、节葬的观点，正如墨子尤其反对儒家重乐、厚葬那样。但相比非乐，孟子又更痛恨节葬。儒家提倡厚葬，对父母事死如事生，孟子身体力行，厚葬双亲，墨子提倡节葬反对厚葬，不仅是反对儒家，也是反对孟子本人。

因为这事，他还差点和墨家门徒夷子吵起来。

孟子在滕国时，夷子一副欲驳倒孟子的姿态求见孟子。本来，夷子是见不到孟子的，但他和孟子的学生徐辟相识，于是通过徐辟引见拜访孟子。孟子却告诉夷子："我现在病了，不能见你，等我病好了，亲自拜访你。"

夷子也不知孟子是真病还是假病，度日如年地等待。等了一段时间，夷子自料孟子的病情早已痊愈，但孟子却没有如约前来拜访，于是他又再次求见孟子。孟子对徐辟说："现在倒可以见夷子，不过，我要将丑话先说在前头。"

徐辟有种不祥的感觉："老师这是何意？"

孟子不情愿地说："我的意思是，到时夷子和我见面，我一定不会对他客气的。"

徐辟皱起眉头："没必要非得如此吧？"

孟子坚定地说："非如此不可！如果不畅所欲言，直来直往，就无法全面表达观点，彰显真理，那么，辩论还有什么意义呢？"

徐辟感觉夹在中间很难做人，半遮半掩地说："我会和夷子说的。"又问孟子："老师还有什么话想先对夷子说？"

孟子说："夷子是墨家学徒，墨家讲究节葬，夷子也想推行薄葬之风，想必他认为厚葬不可取。可是，我听说夷子埋葬父母时，却采取厚葬，可见夷子把他认为不可取的东西施加在父母身上。"

孟子的观点非常尖锐，连徐辟也替夷子感到尴尬，但他还是很乐意将孟子的话转述给夷子。夷子果然被堵得面红耳赤，仿佛孟子正在他面前居高临下地数落他，他想了半天，才讪讪道："儒者认为，圣王爱护百姓如同爱护婴儿。我认为这句话的意思是，人与人之间的爱并没有亲疏厚薄的区别，只是先从父母开始施行。"

徐辟替夷子感到羞愧，显然，这是顾左右而言他；或者说，他在和儒家套近乎；又或者说，他在以儒家的观点，来证明墨家兼爱的正确性，进而他证明厚葬父母的合理性。不论哪种情况，夷子都难免有虚伪之嫌。

孟子不屑追究夷子的虚伪，但墨家兼爱的思想，他却无论如何也要批判。

夷子没有随徐辟一同见孟子，也许他还在等待孟子的造访，又或者他没脸见孟子。徐辟独自一人返回后，又将夷子的话复述给孟子。孟子说："夷子真是天真得可爱，他难道真认为一个人爱侄儿，和别人家的儿子一样吗？"

又说："夷子真是蠢得出奇。"

徐辟有些不自然："夷子哪里蠢了？"

孟子鄙夷道："他看待问题太片面。他以为婴儿将掉井里，凡见到的人都会施以援手，这便是爱无等差的表现。殊不知不知，这只是特殊情况下人恻隐之心的体现。这家伙根本分不清特殊情况和普遍现象。"

徐辟忙问："什么是普遍现象呢？"

孟子说："普遍现象就是人爱自己的父母，胜过爱别人的父母。这个现象是客观存在的，夷子根本无法否定。可笑的是，人根本只有一个根源，就是自己的父母，夷子却非认为有两个根源，这想必就是他认为爱无等差的原因。"

如果孟子不再多言，事情的发展就一定在意料之中。但并不是意料之中的好，而是意料之中的坏，夷子极可能会和孟子大吵大闹。

但孟子接下来又说道："大概上古时代，也有不埋葬父母的人，比墨家的薄葬还过分。但是，当这种人看到父母腐败的遗体时，却不禁额头冒汗，又羞又愧，不敢正视。于是又将父母的遗体埋葬。这种人的所作所为，并非作秀，而是发自内心。可见，爱父母是天性。连这种人都为自己不埋葬父母感到羞愧，那么，孝子厚葬父不是很正常吗？"

当徐辟将孟子的话转述给夷子时，夷子怅然若失，哀叹了一会儿，对徐辟说："我算是受教了。"

孟子最终没有拜访夷子。因为已无拜访的必要。

齐宣王不孝

孟子没有拜访夷子，不仅因为没有拜访的必要，还因为他打算离开滕国。

孟子在滕国生活了近两年，这是他除家乡邹国和齐国外，生活得最久的诸侯国。邹国不必说，齐国是天下强国，又有稷下学宫，可以和众多学者名流坐而论道，而且齐国的待遇也非常优厚，所以孟子能够久留。滕国不具备这些优势，却也能让孟子久留，可见滕文公姬宏的执政理念多么让孟子欣赏。

但孟子还是决定离开。尽管姬宏非常尊重孟子，但孟子在滕国两年，却没有担任任何官职，始终处于客卿的尴尬地位，他的学生也没有在滕国入仕。但孟子离开滕国的原因，又不仅是没有在滕国做官，还另有遗憾和无奈。

孟子常说，文王凭百里之地称王，可令人遗憾的是，滕国连百里之地也没有，只有方圆五十里。

不过，孟子这话只是个比喻，他的言外之意是：有德者不必在乎土地多少，只要能够推行仁政，就可以成为天下之主。这样看来，滕国的国土虽小，但只要姬宏力行仁政，还是有成为文王的可能。

当然，这只是理论上的可能。现实中，滕国处于大国夹缝之中，姬宏必须如履薄冰地侍奉大国，否则随时可能有亡国之危。

滕国或许百姓安居乐业，但并不像孟子想象的那样，他国百姓见到滕国施行仁政，如归父母般投奔滕国，犹如当年百姓投奔文王。因为百姓们都知道，滕国是兔子的尾巴长不了，大国的战争机器一到，滕国就会被碾得粉碎。

事实上，滕国后来连百姓安居乐业也难以做到。因为姬宏为避免亡国，只能低声下气地巴结大国，而大国为了填补战争损失，必然向滕国狮子大开口。滕国国狭民寡，大国的每一次索求，都让姬宏背负着沉重的负担。这些负担无疑都将转移到百姓身上，滕国百姓不仅要向政府缴税，还要额外满足大国的需求，压力山大，不堪重负。

显然，滕国是一个没有希望的诸侯国。

一个没有希望的诸侯国，已不值得孟子留念。

孟子走得毅然决然。姬宏想留，但留不住，便也没有强留。

这一年是公元前320年，孟子53岁。

这一年齐威王59岁，不幸病逝。

齐威王去世后，太子田辟疆即位，是为齐宣王。从齐宣王的名字不难发现，齐威王对他寄予厚望，希望他能够开疆辟土，成为一代雄主。显然，这又与孟子的仁政观念相悖，鄙视齐威王的同时，也顺带着啐了一口齐宣王。

但事实上，孟子啐齐宣王，并不是因为齐威王，而是齐宣王本身。

孟子素有耳闻，齐宣王还是太子时，就是个文艺青年，颇有贤名。他尊贤重道，好学不倦，让孟子一度以为，他是个可造之才。可孟子始料未及，齐宣王即位后，做的第一件事就让他三观尽碎。

齐宣王哭了一阵，对大臣说："你们有没有觉得，给先王服丧三年，太长了点？"

大臣们忙附和道："就是就是，确实太长了，尽孝论心不论迹，蠢货才穿着孝服守三年。"

但也有大臣梗着脖子说："这是圣人之法，不守三年就是不孝！"弄得齐宣王很尴尬，仿佛踩在独木桥上，左右不是。

过了一阵，齐宣王又说："孝心我有，但也没这个尽孝法，齐国还有那么多国事要处理，不如守丧一年怎样？"

大臣们又附和道："一年刚刚好，不多也不少。"

但还是有大臣歇斯底里，像复读机一样："三年，三年，就要三年！"

齐宣王把板一拍："别吵了，我决定发扬民主作风，少数服从多数，一年丧期，就这么决定了！"

齐国不愧是首屈一指的大国，影响力强大，一个守丧的事也传得沸沸扬扬，成为当年的头条新闻。孟子得知此事，忍不住想骂齐宣王，他说："想不到新齐王是这种货色，居然连守丧都要打折扣。"

公孙丑在一旁听到后，不以为然地说："话不能这样说，齐王也不容易，只服丧一年，总比一年都不服好吧？"

孟子说："话更不能这样说，这就好比有人扭他哥哥的胳膊，你却说慢一点、轻一点，这样可以吗？"

公孙丑黯然说："话好像也不能这样说，古代有王子母亲去世，他的太傅却只让他服丧数月。请问老师，这该如何对待？"

说到古代，孟子开始沉默，过了一会儿，他说："你要知道，那是特殊情况，想服三年丧，却无法做到。如今齐王明明可以服三年丧，却缩短为一年，这就是不孝。"

孟子不愿意游说一个不守孝道的诸侯。

离开滕国前，他就在考虑接下来去哪一个诸侯国，首先排除的就是齐国。现在他更想去魏国。

三年前孟子就想去魏国，因为种种原因，没有得偿所愿。如今他无论如何也要去一趟魏国。因为那里或许能成为他的王道乐土。

　　魏国的君主名叫魏罃，是个慈眉善目的耄耋老头，后人称之为魏惠王。因他曾将国都迁往大梁，又被人称为梁惠王。

　　在群臣眼中，魏惠王是个帝王界的老好人，待人和和气气，豪爽大方，好像谁都和他是哥们。每逢别人夸赞他仁慈，魏惠王就开心得像个单纯的孩子。他一度自负地认为，他的仁慈能让魏国变得更强大。

　　但有人却告诉魏惠王，魏国的没落，就是因为魏惠王太仁慈。

　　魏惠王很在乎他在臣民心中的形象，有一次，他问一个叫卜皮的人："我在臣民心中的名声如何？"

　　卜皮实话实说："臣民都说您是个仁慈大方的人。"

　　魏惠王露出孩童般的微笑："看来我还挺得人民群众爱戴。那么，你觉得像我这么深受臣民爱戴的人，成就能达到何等地步？"

　　卜皮瓮声瓮气地说了两个字："灭亡。"

　　魏惠王收起他单纯的笑容，像个小老头一样好奇地问："你居然说我会一无所成？"

　　"是的。"卜皮说得很轻松，他知道老头儿不会为难自己。

　　魏惠王撅着嘴："你这不自相矛盾吗？"

　　卜皮笑道："我怎么不觉得？"

　　魏惠王一脸委屈："你说我深受臣民爱戴，却又说我一无所成，一个深受臣民爱戴的君主，难道会一无所成？"

　　卜皮说："您想多了。臣民说您仁慈大方，可这并不意味着，他们都爱戴您。"

魏惠王气得吹胡子瞪眼："这不一回事吗？仁慈大方就是行善，我天天做好事，还会一无所成？"

卜皮说："可是您做得太过火了。您太仁慈，臣下有过错，不忍处罚；您太大方，臣下没有功劳，也随意赏赐。魏国的赏罚制度被您破坏，请问，您还拿什么约束臣民？拿什么建功立业？"

这个世界上有两种人，一种越年老越多疑，越阴狠，比如朱元璋；另一种越年老越率真，越心软，魏惠王就是后者。

如果魏惠王只是个平民百姓，他的率真与心软不失为一种可爱，但身在尔虞我诈的深宫和乱世，就成了一种可悲。君主处在权力的旋涡，既被万众拱卫，也被万众算计，精明的君主会将自己包裹得严严实实，让人看不穿猜不透。魏惠王的率真和心软，等同于将自己毫无保留地暴露，很容易被人利用。当然，这并不意味着，君王年老时，就应该像朱元璋那样喜怒无常，冷酷无情。

率真心软不是魏惠王的全部，魏惠王还有另一面。只不过，他的这一面已渐渐被历史的尘埃掩盖，不曾再示人。

让我们擦掉历史的尘埃，让时光倒流到50年前。

那一年，魏惠王三十岁，他的父亲魏武侯去世。魏武侯是战国初期一代霸主，威震天下，50年后强大的齐国和秦国，那时都是魏国的手下败将。魏武侯英明一世，可惜在临终前犯了个致命的错误，没有指定接班人。

魏武侯有两个儿子，除了魏惠王魏䓨，还有一个公子缓。公子缓野心勃勃，想和魏惠王争夺君位，魏国陷入内乱。

魏惠王抢先一步，继承君位。正当他打算消灭以公子缓为首的反革命集团时，意外突然降临。赵韩两国乘虚而入，公然干涉魏国内政，首当其冲的就是魏惠王。魏惠王匆忙率军迎战，却不幸被赵韩联军大败，且被联军重重包围。

年轻的魏惠王，已不能主宰自己的命运，成为赵韩两国砧板上的鱼肉。

赵国提议处死魏惠王，立公子缓为君，逼魏国割地求和。韩国却认为：杀掉魏罃太残暴，不干！但韩国的提议更阴险：放魏惠王一马，同时立公子缓为君，让魏国出现两君并立的情况，一分为二，削弱魏国势力。

赵国想得实在，韩国更有"远见"，两国各持己见，吵得不可开交。韩国一怒之下，撤兵而还。包围圈开了一个口子，魏军就像囚笼中重获自由的猛虎，杀气腾腾一跃而起，将赵国吓得慌忙而退。

当被赵韩联军围困时，魏惠王命悬一线，时刻担惊受怕，绝处逢生后，倍觉生命的可贵。当一个人过于在乎自己的生命时，就必然看轻别人的生命。

为了确保自己地位的稳固与生命的安全，公子缓必须得死！

这时的魏惠王，与50年后的魏惠王截然不同。50年后的魏惠王慈悲为怀，50年前的魏惠王心狠手辣。

公子缓被魏惠王击败，并被魏惠王毫不犹豫地处死。

时光真奇妙，能让一个心狠手辣的青年，变成一个慈悲为怀的老者。

但时光也很无奈，都已经打磨半个世纪，但还是没有磨掉魏惠王王者的高傲与气度。

但那重要吗？

魏国从魏惠王的手中走向中衰，王者的高傲与气度，能换得魏国的复兴？

在孟子看来，这很重要。

魏国有希望

如果一个国君，看上去像个乡野村夫，没有国君的威严与气度，后人会因此对该国君产生好感，他多么的平易近人啊！

但孟子却可能很讨厌这样的国君，他认为这样的国君不配当国君，更不可能施行仁政，成为一个伟大的国君。

在孟子看来，国君就应该有国君的风范，就应该表现得与百姓不同，就应该端出国君的架子，就应该让人们感到有所敬畏。这样的国君才是合格的国君，这样的国君才可能施行仁政，成为一个伟大的国君。

这似乎是个很矛盾的事情，一个将摆臭架子视作理所当然的人，居然被孟子视为圣王的可能人选。而且，他屡次强调君主与百姓的不同，造成一种鲜明的等级差距，似乎存心制造人与人之间的不平等。

如果你这样去想，就对了！孟子的理想社会，就是一个等级森严的"不平等社会"。而维持这种不平等的工具，就是孟子鼓吹的"礼"。

但孟子鼓吹礼，又不是刻意制造不平等。礼是维持社会秩序的工具，是调和社会矛盾的润滑剂，是引导社会风气的方式，孟子认为，如果人人遵循礼制，就可以避免争端和混乱，天下就不会像如今这样乱糟糟的。所以，孟子鼓吹礼，归根结底，是希望实现天下太平、百姓安居乐业的理想。

礼不仅约束臣下，也约束君主，反倒是平民百姓，在孟子看来，没太多用礼约束的必要。这不是孟子认为平民百姓更高级，而是平民百姓见识鄙陋，礼这种上流社会的规则未必适应他们，但他们应该接受统治阶层的教化。

礼的初级目的，就是培养统治阶层的人各尽本分，只有统治阶层的人守礼本分，才能给处于社会底层的百姓起到良好的榜样作用，教化百姓，各安其业，才能实现天下大治的最终目的。所谓各尽本分，通俗地说，就是变成本来应有的样子。

比如君主，儒家塑造了圣君的形象，这就是君主本来应有的形象，礼的存在，就是督促君主努力变成圣君的形象。

所以，这也不难理解，为何君主像乡野村夫那般平易近人，却不能得到孟子的认可。因为那是不遵循礼制的表现。孟子希望君主保持君主的威严，不是鼓励君主欺凌百姓，而是强调君主必须守礼，不能肆意妄为。

每个人都活成理想的样子，天下就会变成理想的样子。

孟子非常重视榜样的力量，在他看来，要使每个人都活成理想的样子，君主首先得活成理想的样子。

所以，当他看到魏惠王没有丧失王者的风范时，他感到非常欣慰，这说明魏惠王还保持基本的君主素质。

这在孟子看来非常重要。如果魏惠王丧失王者风范，说明他已将礼制抛弃得一干二净，就不能活成理想的样子。如果魏惠王不能活成理想的样子，魏国统治阶层也不会活成理想的样子，百姓更不会活成理想的样子。

那么，魏国就是个没有希望的国家。

但现在的魏国是个有希望的国家。有希望不是魏惠王活成了理想的样子，而是魏惠王有活成理想的样子的潜力。

所以，孟子义无反顾地来到魏国。

谈钱伤感情

当魏惠王得知孟子要来魏国时，他非常高兴。他之所以高兴不是想推行仁政，而是他喜欢和孟子这样的知名学者坐而论道。

可以说，魏惠王有点儿附庸风雅，或者说沽名钓誉。但既然他对孟子感兴趣，也未必不能被孟子说服，或者有选择性地听从孟子。

孟子甫一入魏，魏惠王就邀请他入宫，礼节非常周到。魏惠王比孟子大28岁，年龄恐怕比孟子的父亲还大，但魏惠王对孟子非常恭敬。一见到孟子，他就友好地向孟子打招呼："你好啊，老先生。"

孟子心想，其实你更老，但他还是非常受用，觉得魏惠王这个人有风度。可魏惠王接下来的一句话，又让孟子颇为扫兴。

魏惠王像个市侩的街边小贩，火急火燎地对孟子说："老先生不远千里而来，能给魏国带来什么好处？（叟不远千里而来，亦将有以利吾国乎？）"

孟子向来重义轻利，魏惠王却哪壶不开提哪壶，这就好比和意气相投的兄弟谈钱一样，伤人感情。孟子看着慈眉善目的魏惠王，哭笑不得："我的王，你何必总是谈利益，我此番前来，只谈仁义而已！"

也就是对魏惠王这样的老者兼老好人，孟子才嘴下留情，如果换作别人，孟子或许早已破口痛骂。

"哎，仁义！"说这话时，魏惠王一副恨其不争的表情，又问："各国都在争夺利益，先生却不让我谈利益，这是为何？"

孟子像谈虎色变一样谈论利益："劝大王还是少谈些利益。如果人人都谈利益，这对大王来说可不是件好事。"

"怎么说？"

孟子说："如果大王整天将利益挂嘴边，您的臣下也会有样学样，整天将利益挂嘴边。古往今来，之所以有那么多臣子以下犯上，甚至弑杀君主，都是因为臣子只在乎自己的利益，反而抛弃了仁义。所以，大王谈仁义就行，千万别谈利益。"

魏惠王仿佛被孟子吓到："谈仁义就能万事大吉？"

孟子说："上行下效，大王如果崇尚仁义，您的臣民也会崇尚仁义。一个崇尚仁义的人，绝对不可能背叛自己的君主。所以，还是那句话，大王多谈仁义，别谈利益。"

魏惠王差点被孟子逗笑，这一笑，他又恢复平静："先生恐怕天真了一些。仁义不是不重要，但是仁义也不能当饭吃，利益也要谈。"

孟子最讨厌别人说他天真。看到魏惠王那副笑嘻嘻的样子，孟子就气鼓鼓的，这话简直没法再谈下去。

但魏惠王身上有一种长者的气质，这对孟子很有吸引力。虽然初次见面没有说服魏惠王，但孟子还是对自己很有信心。不过与其说孟子对自己有信心，不如说是魏惠王的长者气质感染了孟子，让孟子对他还抱有幻想。

儒家尊老重德，魏惠王既是老者，又是长者，既有王者的风范，又性格宽厚，尤其是尊重知识分子，难怪孟子会对他颇有好感。魏惠王的外在形象很像圣王，如果他不能成为圣王，就实在太可惜。

魏惠王虽然不赞同孟子，但他觉得和孟子这样的知名学者交往，很有成就感。没过多久，他又邀请孟子到他的园林一聚。

魏惠王本来没有这么爱慕虚荣，但遭遇了军事上的一系列挫折后，发现自己在霸业上举步维艰，就想从其他地方找存在感。

当年，他被商鞅的奉承话恭维得找不着北，不顾魏国国力江河日下的现实，居然大摇大摆地率领喽啰国称王，又拳打赵韩两国，结果被齐威王打得满地找牙，是为马陵之战。事后，魏惠王也吃一堑长一智，自降身份老老实实朝拜齐威王，成功挑起齐楚两国的矛盾，楚军大败齐军，也算报了马陵之战之仇。

占了便宜后，魏惠王又飘飘欲仙，故态复萌。那日，他站在池塘旁边，大口呼吸着香甜的空气，不时被漫天叽叽喳喳的鸟儿逗得傻笑。见孟子迎面向他走来，魏惠王乐呵呵地问："先生，贤人也会享受此等快乐吗？"

魏惠王的意思是，何必像尧舜那样做个苦哈哈的圣王，还不如像我这样享受生活，尧舜能有我这般快乐？

魏惠王的园林风光旖旎，各种奇花异草、各种温驯可爱的小动物随处可见，显得十分热闹。由于绿化面积恰到好处，园林的空气既不潮湿，也不干燥，让人心旷神怡，不愧是休闲的胜地。

孟子心情愉悦，低着头咧嘴微笑。魏惠王问他时，他忙抬起头来，叹道："大王今天这话问得有失水准啊！"

魏惠王深深地呼吸一口气，说："先生这话是什么意思？"

孟子说："贤人怎会不享受此等快乐呢？恰恰相反，只有贤人才能享受，不贤的人就算待在此胜地，也不会感到快乐。"

魏惠王嘿嘿直笑："我可真快乐！"

孟子在心里啐了一口，盯着魏惠王说："您先别快乐，请听我说完。"

魏惠王有种不祥的预感，下意识地抬头望着天，仿佛在求老天爷让孟子闭嘴。

老天爷管天管地，却管不住孟子的嘴，孟子先给魏惠王说周文王的事迹。他说："周文王建了一座灵台和一个灵沼，虽是依靠百姓的力量，但和百姓一起享受。灵沼里面养了许多鱼和王八，可以供百姓食用。所以百姓很快乐。百姓一快乐，文王也跟着快乐。"

孟子接着又和魏惠王说桀的故事。他说："桀就很无耻，利用百姓修建园林，却不让百姓享受，百姓连门都不能靠近。所以，百姓非常痛恨他，想和他同归于尽。您说，桀的园林就算再豪华，他能享受到真正的快乐吗？"

魏惠王全程黑着脸。尤其当孟子说到桀时，魏惠王的脸黑得像包公似的，恨不得冲上去捂住孟子的嘴。

在孟子的口中，魏惠王仿佛成了一个穷奢极欲、不恤百姓的昏君。

魏惠王是这样的君主吗？

魏惠王扪心自问："我不是！"所以，他很不服气，他一定要在孟子面前证明，他是一个爱民如子的明君。

五十步笑百步

魏惠王又邀请孟子相见。

这一次，魏惠王没有自以为是，而是怨声连连。他像个怨妇一样对孟子说："我治理国家，可真说得上尽心尽力啊！"

听到这话时，孟子怎么也没察觉到魏惠王在抱怨，他显然在自吹自擂。但魏惠王接下来的一番话，顿时改变了孟子的看法。

魏惠王一副苦瓜脸："河内遭了饥荒，我就把百姓迁徙到河东，还给灾民发放救灾粮。河东遭灾同样如此。纵观诸国，哪个君主有我这样爱民如子？"

这话还是有自我吹捧的嫌疑。事实上，这就是魏惠王的目的，孟子之前把他说得像个昏君，他便要证明自己是个明君。

但孟子知道，这不是魏惠王唯一的目的，他有一种很强烈的预感，魏惠王即将变身为"魏怨妇"。

果然，魏惠王愤愤道："怪了，老子对百姓这么好，魏国的百姓也不见增加；别国对百姓那么差，别国的百姓也没见减少，这是为何？"说完还不解气，又骂骂咧咧："这什么百姓啊，不识好歹！"

魏惠王抱怨起来，像个生闷气的小孩，差点让孟子忍俊不禁。孟子柔声说："王，您消消气，曾子说三省吾身，不要总把责任推脱到别人身上嘛！"

不说还好，孟子这样一安慰，魏惠王就更生气。他跳起来说："我有什么责任！"

如果别的国君当孟子的面这么发脾气，孟子一定脸色大变，一副要和人拼命的架势。但魏惠王却让孟子又差点忍俊不禁，他觉得魏惠王好滑稽。最后他还是没有忍住，笑着对魏惠王说："大王真想知道魏国百姓不增加的原因？"

魏惠王说："我是真想知道。"

孟子欣慰道："这很难得。"又问："大王喜欢打仗吗？"

魏惠王被问得脑子一团浆糊："喜欢又如何？"

孟子说："如果战斗一开始，士兵们就弃甲曳兵而逃，有的跑了一百步，有的跑了五十步，以五十步笑百步，可以吗？"

魏惠王顿时升起一股无名怒火："本王最讨厌逃兵了！五十步也是逃，怎么有脸嘲笑一百步！"

孟子笑道："既然大王明白这个道理，就不要抱怨魏国百姓不增加了。"

魏惠王越听越糊涂："这哪跟哪啊？为什么啊？"

孟子看了魏惠王一眼，暗示他耐心听下去："如果不耽误农时，百姓就不会闹饥荒；如果不破坏自然，各种资源就会用之不尽。如此，百姓就可养生丧死无憾，那么，这就是王道的开端。"

魏惠王却越听越不对劲："先生，你跑偏了吧？"

孟子又看了魏惠王一眼，自顾自地说道："五亩之宅，若种植桑树，五十以上者可以穿丝绵袄；如果不耽误饲养家畜的时间，七十以上就可以吃肉；百亩之地，不耽误农时，数口之家可以吃饱饭。"

魏惠王有点儿听不下去，但孟子还在滔滔不绝："做好以上这些，再兴办教育，让百姓遵守道德，那么，就不会出现让年老体衰者干重活的现象。如果可以让百姓衣食无忧，就能够称王天下。"

"您到底想说什么？"魏惠王有点儿不耐烦。

孟子说："我的意思是说，您不要把原因推脱给百姓，或者抱怨年岁不好。"

"您想想，富贵人家的猪狗都能吃掉粮食，可当百姓遭受饥荒时，却不打开仓库赈灾，只是一味推脱，这不怪朝廷，要怪就怪年岁不好，百姓们心里会怎么想？这就好比用刀子杀人，却说人不是我杀的，都怪刀子。可以吗？（狗彘食人食而不知检，涂有饿莩而不知发；人死，则曰：'非我也，岁也。'是何异于刺人而杀之，曰：非我也，兵也。）"

魏惠王悻悻说："不可以。"

嘴上这样说，但魏惠王心里却不以为然。他一开始就和孟子说过，河内遭遇饥荒，他就把百姓迁到河东，还发放救济粮，可孟子却以不开仓赈灾说事，这不是典型的睁眼说瞎话吗？

在魏惠王看来，孟子有时为了使自己言之成理，不惜罔顾事实，甚至捏造历史。孟子和他说的圣王之事，魏惠王就半信半疑。

谈话的最后，孟子还告诉魏惠王："只要他不再推脱责任，努力施行仁政，别国的百姓就会来投奔魏国。"

但这还是没能解决魏惠王的问题。如果依孟子所说，君主越仁义，投奔他的百姓就越多，那么，魏惠王认为自己虽不是圣王，但相比其他君主却要仁义许多，为何百姓不投奔他这位更仁义的君主呢？

魏惠王不否认现实，但他认为孟子太泛泛而谈，没有说到点子上。

那么，魏国百姓不增多的真正原因是什么？

魏惠王始终没弄明白。又或者，他一开始就明白，只是明知故问。

魏惠王轻视孟子的观点，孟子很生气。

后来，他对公孙丑说："魏惠王这家伙，太不仁了（说这话时，魏惠王可能已经去世）。"

又说："仁人将施加给喜爱之人的恩德，推之于厌恶之人；不仁的人将施加给厌恶之人的祸害，推之于喜爱之人。（仁者以其所爱及其所不爱，不仁者以其所不爱及其所爱。）"

公孙丑一惊，忙问："老师这是何意？"

公孙丑虽还不明白孟老师的意思，但他隐约感觉到，孟老师的话很严重。果然，孟子口中的魏惠王，又俨然成了暴君。

孟子说："我想，魏惠王是不喜欢百姓的。"

又说："我想，魏惠王是喜欢王室子弟的。"

"可是"，孟子一转折，公孙丑就知道疾风骤雨来临，"魏惠王为了争夺地盘，命令百姓作战，百姓损失惨重，死伤枕藉，他又逼迫王室子弟参加。这难道不是将施加给厌恶之人的祸害，推之于喜爱之人？"

孟子口中王室子弟参战的事，魏惠王曾和孟子说过。不过，他当时提到这件事，却不是为了和孟子讨论这件事。

魏惠王心中一直有个难以释怀的遗憾。那一年，他对孟子说："遥想当年，魏国是天下霸主，先生应该也很清楚。"

孟子点点头。魏惠王回忆魏国的辉煌，不是炫耀，他长叹一声："可惜啊，等到我统治魏国后，魏国东败于齐，西败于秦，南辱于楚，连长子都不幸战死。我实在对不起祖宗，对不起魏国！"

孟子同情地看了魏惠王一眼。但魏惠王这样说，也不是为了换取孟子的同情，他沉默了半晌，慨然道："此事，我深以为耻！我无时无刻不想报仇雪恨！先生，请您教教我，怎样可以报仇？"

在旁人看来，魏惠王显然有点儿病急乱投医。或者说，他南辕北辙。报仇就不可避免开战，孟子最反对诸侯间的战乱，怎么可能帮魏惠王复仇？

但孟子出人意料地没有批判魏惠王。因为孟子觉得这是个机会。

他对魏惠王说："只要行仁政，方圆百里之地就可让天下归附，所以……"孟子又口若悬河地说了一大堆，内容和之前所说大抵相似，不过又有不同。不同之处在于，孟子增加了一些在他看来更务实的观点，减少刑罚和降低赋税。

然后，他乘机对魏惠王说："如果大王能推行仁政，魏国就必能复兴，那时，就算只用木棒，也能够打败全副武装的秦楚军队。"

显然，孟子在利用魏惠王的复仇心理，引诱魏惠王施行仁政。

魏惠王用疑惑的眼神看着孟子，孟子说："这不足为奇。您想啊，当秦楚两国在虐待百姓时，您却推行仁政，让魏国成了王道乐土，秦楚两国的百姓投奔魏国还来不及，怎会愿意和魏国开战？秦楚军队肯定没有斗志，所以，用木棒也能打赢他们。"

乍一听，孟子的话似乎很在理，但魏惠王总觉得哪里不对劲，他想了半天，说："先生，您容我再想想。"

孟子以为机不可失，忙说："仁者无敌，就冲这句话，大王你就不用想了！"

魏惠王笑道："我脑子笨，还是再想想更好。"

事后，魏惠王果真想了很久，他发现，孟子还是把问题想得太简单。孟子以为魏国是块世外桃源，可以随心所欲地作为实验基地，却忽略魏国强敌环伺的现实。

何况，他的愿望虽然很美好，但建议缺乏可行性。比如恢复井田制，这是逆时代潮流，既得罪贵族，老百姓也不答应。好不容易才从井田制中解放出来，可以一心一意耕种私田，谁还愿意再给贵族们无偿耕种公田？

魏惠王后来对人说，孟子这人哪儿都好，学富五车，傲骨嶙峋，为人又有正义感，就是太迂腐。

与大禹论功

魏惠王尽管觉得孟子很迂腐，但又没有怠慢他。

魏惠王没有怠慢孟子，是因为他尊重知识分子，但又不仅如此。

和魏惠王一样，孟子身上也有一种特殊的气质，这种气质足以掩盖他的书生气，让人肃然起敬，不敢轻视。

孟子出生时虽已家道中落，但思想高贵，且他的一举一动恪守礼仪，比当时的贵族更像贵族。他身上还有一种帝王师的威严，让人不由自主地仰望，加之名满天下，非但魏惠王不敢怠慢，几乎所有人都以结交他为荣。

能得到孟子的认可，更是无比光荣，就连白圭也这样认为。

白圭的名气远不如孟子，但事实上，如果站在事功的角度上评判，他的政治成就让孟子望尘莫及。

白圭是洛阳人，据说师承鬼谷子，被魏惠王拜为相国，政绩突出。后来，他不满魏国朝政腐败，转战商场，将鬼谷子的谋略哲学灵活运用到商业上，使自己成为当时著名的企业家，因而有"商祖"之美誉。

难能可贵的是，白圭不仅是位出色的官员、企业家和理财专家，还是位杰出的水利专家。在魏国任职期间，他主持治理黄河水患，功劳极大，造福于民。

正因如此，白圭有些自负，也渴望得到孟子这样的社会名流认可。所以，他一见到孟子，就摆出一副王婆卖瓜的姿态，说："我治理黄河的功劳，只怕比禹还大呢！（丹之治水也愈于禹！）"

显然，白圭追求认可的方式欠妥。孟子除了赞美古人，极少赞美同时代的人，即使赞美同时代的人，也是因那人与古人相似。如果白圭想得到孟子的认可，就应该把自己塑造成古代圣人忠实信徒的形象，而不是在古人面前妄自尊大。

果然，孟子听到白圭的话，非常生气，他毫不掩饰自己的情绪，说："你这样说，真的好过分！"

白圭却觉得孟子才是真正的过分：凭什么无缘无故说自己过分？于是硬邦邦地顶回去："我哪里过分？"

孟子说："你有两点过分。"

白圭大惑不解："我明明只说了一句话，只说了一个事，何来两点过分？"

孟子掸了掸衣服，说："你治水这个事儿做得不厚道。"

白圭开始有情绪："我治理黄河，让百姓免受水灾，这也不厚道？"

孟子说："我不是这个意思。"

白圭强忍住怒火："那你是哪个意思？"

孟子叹了口气："你把别国百姓害惨了。你治理黄河，以邻为壑，将本国的水排入邻国，本国倒是避免了水患，但邻国呢（今吾子以邻国为壑）？你说，你是不是很过分？是不是很不厚道？"

白圭被问得哑口无言。但他心里又很不服气："以邻为壑，别国也是如此，我为何不可以？况且，我是魏国的官员，解决魏国的水患才是我的职责，怎能兼顾邻国？再说，如今列国纷争，以邻为壑既能解决本国水患，又能削弱邻国实力，这可是一举两得的事情。"

但这种心里话，白圭又不能和孟子明说。不能明说，心里的憋屈又不能释放，憋得难受，白圭于是在心里痛骂孟子天真。

但孟子仍不打算嘴下留情，又说："大禹治水就比你厚道得多，他将河水排入大海，这样天下人都能不被水患困扰。"

孟子不说还好，一说白圭就更痛恨孟子天真："这个姓孟的恐怕没干过实事，就会动嘴皮子，如今天下分裂，魏国是个内陆国，如果我想把水排入大海，水流必然经过邻国，难道我还能到邻国疏通水道？"

在心里发泄完，白圭这话都冲到嗓子眼，但看到孟子那副威武不能屈的模样，还是把它吞回肚子里。

孟子却没完没了，还在批判白圭："你以邻为壑，让水逆流，逆流治水谓之洪水，你给邻国百姓带来洪水，却还夸耀功劳，自以为超过大禹，实在太过分了！"

孟子再次强调白圭过分，但这次白圭反而不怨孟子。这不是他已不在意这句话，而是他有更担心的事情。白圭开始发慌，他担心孟子再次借题发挥，对他发起更猛烈的批判，于是连忙转移话题："我想采取二十分之一的税率，如何？"

这话显然有讨好的孟子的嫌疑。白圭知道，孟子常激烈抨击列国的税收政策，他认为列国的税率太重，应该恢复古代十分之一的税率，减轻百姓负担。所以，白圭自作多情地认为，二十分之一的税率比十分之一更轻，一定会得到孟子的认可。

孟子被白圭弄得猝不及防，差点没刹住车。他怔了一会儿，说："那也不行。"他说这话的口气，仿佛是上个问题的延续。

白圭以为孟子还在和他置气，他以毫不疑惑的语气问道："这是为何？"

孟子说："因为古代是十分之一。"说完又觉不妥，忙白圭说："当然不可以，瓦器不够用。"

孟子说："你既然明白这个道理，就不要想着降低税率了。二十分之一的税率，这和貉国差不多。"

貉国是当时北方戎狄之国，因文化落后被中原列国蔑视，孟子却将白圭的税收政策和貉国相提并论，这让白圭很不服气。

孟子见白圭脸色大变，忙说："我的意思是，二十分之一的税率太低，根本无法满足国家开支。貉国这种戎狄国家，既不祭祀，也无礼节往来，连房子都没有，开支很少，当然可以只收二十分之一。你何必向他们学习？"

白圭却反问道："照您的意思，税率越高越好？"

孟子说："也不是，低了不行，高了也不行。低了相当于貉国，入不敷出；高了就是桀纣，祸害百姓。尧舜十分之一的税率才恰到好处。"

白圭默不作声。白圭不说话，不代表他已被孟子说服，只能说明他无法让孟子屈服。他既不能让孟子赞同他的税收政策，更不可能让孟子赞同他治水功盖大禹的观点。既然无法说服，索性不再发声，以免自取其辱。

"伪娘"张仪

白圭选择沉默，这是孟子所愿。

但孟子又不欣赏白圭沉默。这不是孟子鼓励白圭和他争辩，而是站在白圭的立场上，既然坚信自己的观点正确，就不能轻易屈服。

孟子常说威武不能屈，威武不能屈表现在许多方面，不被统治阶层的淫威吓倒，这只是最重要的一方面。和别人辩论时，不被权威屈服，畅所欲言，坚持己见，也算得上具体的威武不能屈。

在孟子看来，威武不能屈是一种处世的气节，也是一种捍卫真理的态度。一个人只有威武不能屈，才可能成为圣人的传人，或者说孟子眼中的大丈夫。

但成为大丈夫，又不能只是威武不能屈。

有人认为，一个人如果只是威武不能屈，却没有功名富贵，就是茅坑里的石头又臭又硬。学者景春就是这样认为。在景春看来，真正的大丈夫是那种壮怀激烈，能够睥睨天下呼风唤雨的人物。

景春是纵横家学徒。所谓纵横家，即战国时期从事政治外交的学派，合纵连横战略的积极策划与参与者。所谓合纵连横，合纵是指联合众弱国攻打强国，连横则是指以强国为靠山攻打弱国。其代表人物分别是苏秦和张仪。

纵横家门人都怀揣着"学成文武艺，货与帝王家"的理想。他们的事功心理都非常强烈。他们为之奋斗的理想，也使他们形成了务实的风格，往往才华横溢、腹有良谋、巧舌如簧，能够为列国开疆辟土，或解决当务之急，所以深得列国君主的器重。

战国诸侯纷争，列国都亟需人才精兵强国、攻城夺地，所以纵横家的市场非常广大。纵横家在战国非常吃香，因而门徒众多，势力庞大。如张仪、苏秦、公孙衍之类的纵横家巨擘，贵比王侯，权倾天下，简直威风凛凛。

景春作为纵横家门徒，自然向往那种名震天下只手遮天的显赫，那种让列国诸侯不寒而栗的气魄。所以，在他内心深处，张仪、公孙衍之辈无疑是堂堂大丈夫。

其实，不仅景春如此，谁会不羡慕那样的生活？但孟子却不羡慕，他明知天下人都崇拜张仪，但他却说张仪非但不是大丈夫，还是个小白脸。

景春不知孟子对张仪的看法，还在孟子面前称赞张仪。以景春的级别，见孟子一面也不容易，可他居然一开口就惹得孟子勃然不悦。他一脸孩童般憧憬地对孟子说："我的个乖乖，张仪难道不是大丈夫吗？他一出山，一发怒，连诸侯都害怕；他一金盆洗手，天下就立刻安静下来。"

"我感觉，整个天下都在张仪的掌控之中。"

孟子冷着脸，以轻蔑的语气说道："这也算大丈夫？！"

景春忙问："这难道不算大丈夫？"

孟子却反问道："你难道没有学过礼吗？"

景春觉得莫名其妙："这与张仪是否是大丈夫有何关系？"

孟子说："关系大着呢！我先问你，张仪是不是为君主服务？"

景春更加不解，只好实话实说："是。"

说这话时，他一副敷衍的口气，却不料已掉入孟子的圈套。孟子一副生怕景春改口的样子，忙说："看来张仪和女人没什么区别！"

景春连忙驳斥："张仪那么威风凛凛，连天下诸侯都害怕他，怎么会和女人一样？"

孟子说："按照礼，女子嫁给丈夫时，她的父母一定告诫她，到了婆家一定要恭敬啊，要听从丈夫的话啊！如今张仪也是这样，想方设法顺从君主，满足君主的欲望，这和女人顺从男人有什么区别？"

景春有点被孟子绕晕，竟跟着他的步伐，问道："连张仪也不算大丈夫，那么先生认为，到底什么样的人才算大丈夫？"

孟子说："我常说，真正的大丈夫，一定不能像妇人一样只知顺从，威武不能屈是最重要的素质。但仅有这还不够。"

说完，孟子停顿了一会儿，说："我想真正的大丈夫应该是居天下之广居，立天下之正位，行天下之大道。得志，与民共享；不得志，独善其身。富贵不能淫，贫贱不能移，威武不能屈。"

好一个"富贵不能淫，贫贱不能移，威武不能屈"，景春心想，这世界上能真正做到这三点的人，恐怕凤毛麟角。但正因为不容易做到，方显大丈夫的可贵。

景春不禁为孟子精辟的总结啧啧称奇。不过，他虽然认可孟子的总结，但也不否认张仪的为人。如果为君主服务就是妇人，那么，儒家难道不为君主服务？儒家还提倡忠君呢，岂不更是妇人？

在景春看来，纵横家为君主出谋划策，替君主排忧解难，那不过出于职业操守，无可非议。君主提供官爵与俸禄，纵横家报以智谋，助君主治国强军，两者各取所需，是合作关系。纵横家可以随时抛弃君主，而儒生却有各种各样的限制与顾虑，纵横家比儒生活得更洒脱、更自由。

所以，景春还是更向往成为张仪那样的大丈夫。

孟子显然不赞同景春的观点，但有一点连孟子也无法否认，儒生确实不如纵横家洒脱。

儒家太注重礼，礼虽然可以规范生活，营造良好的社会秩序，但凡是过犹不及。繁杂的礼就像一团乱麻，束手束脚，让人时刻被掣肘，有力气也使不出来。

比如做官，孔子说学而优则仕，学习的目的就是做官。那么，一个人学有所成后，是不是可以立刻做官呢？

孟子告诉你——未必。但这又不是能力的问题，不是学有所成未必意味着会做官，而是要受到礼的束缚。

我的本家魏人周宵就很不理解。本来，他没有这样的困惑，那天他拜见孟子，只是和孟子谈论是否做官的问题。他问孟子："古人做官吗？"

孟子说："怎么不做呢？做！"

又说："非但做，而且还急着做呢！"

周宵注视着孟子："那有多急呢？"

孟子说："以我的偶像孔子为例，他老人家要是三个月没做官，就急不可耐地离开所在国，带着礼物去另外一个国家。（孔子三月无君，则皇皇如也，出疆必载质。）"

周宵不禁笑道："这也太心急了吧！"说完，他突然想起一个问题。

孟子忙说："这在古代很正常。我记得公明仪说过，古代的君子，三个月没有被君主任用，就应该安慰他（三月无君则吊）。可见三个月没官做，是件很悲剧的事情。"

周宵又呵呵一笑："这个更心急，人家没官做，你那么急着安慰人家干啥？"说这话时，那个问题正在他脑子里涌动。

孟子说："士人失去官位，就犹如诸侯失去国家。没有官位就没有禄田，没有禄田就无法备足祭品，无法备足祭品就不敢祭祀，不敢祭祀也就没法举行宴会，没法举行宴会得多倒霉啊，难道不该安慰他？"

周宵不置可否，他急欲说出想起多时的问题："对了，先生刚刚说到，孔子离开所在国带着礼物，他为什么要带礼物？"周宵有些怀疑，孔子带礼物前往另一国，是为打通关节，但他又不确定，所以向孟子请教。

孟子当然不会那样回答周宵，他严肃地说："你不能那样去想。"顿了顿，又说："士人做官，就好比农夫耕田；士人的礼物，就好比农夫的农具。农夫难道因为前往另一个国家，就放弃他的农具吗？"

周宵想了半天，将士人做官比喻成农夫耕田不难理解，但他实在无法理解孟子将礼物比喻成农具。不过，他不打算在这个问题上刨根问底，因为他又想到一个更重要的问题。

本来，这个问题在他看来，根本不算是问题。但当他得知士人对做官急不可耐时，又觉得这是个很有意思的问题。这个问题的有趣之处在于，它与士人急欲做官的心理非常矛盾，让周宵迫不及待请教孟子。

周宵深呼一口气，他知道这个问题很尖锐，孟子未必能接受。他先是说道："魏国也有官可做，但我没看到有人像先生说的那样，对做官那样急迫。"

见孟子脸色平静得如一湾清泉，周宵胆量大起来："既然士人做官那么急迫，却又不轻易做官，这是为何？"

这样的问题，很容易让人联想到，士人像虚伪的荡妇，心急火燎地找男人，当男人找上门时，她又装模作样地推辞，说："我是个有原则的女人，不能轻易从了你。"这岂非拐着弯骂士人做婊子还想立牌坊？

但或许在孟子看来，问题又远比这严重。两人口中的士人，其实都是专指儒生，只有儒生才会有那么多繁文缛节。于是，周宵的问题又成了拐弯抹角骂儒生，成了专门针对儒生的讽刺，成了对儒学的挑战。

周宵不知孟子到底有没有这样想，但他知道孟子的情绪非常激动。孟子愤愤地说："士人如果没有原则，轻易做官，那才是真的不像话！"

紧接着，孟子又开始跟周宵打比喻，非常犀利的比喻。他说："父母之心，人皆有之，每个父母都操心子女的婚事。但如果子女不等父母开口，不经媒人撮合，就迫不及待私下约会，那么连父母也会轻视他。士人也是如此，谁都想做官，但如果不通过正当途径和背着父母约会的子女有什么区别？"

周宵心想，理儿确实是这个理儿，但究竟什么才算正当途径？难道只有遵守儒家的繁文缛节做官才算正当途径？

孟子说："确实如此！"

如果周宵这样问他，他定会如此回答。

不可救药的魏襄王

　　孟子在魏国处处不如意，魏惠王不听从他，魏国朝臣不支持他，就连本来仰慕他的白圭、周宵等人，也不赞同他的观点。

　　但孟子并没有绝望。他原本以为，魏惠王已到油尽灯枯的年纪，没有成为圣人信徒的雄心壮志情有可原，他可以寄希望于魏嗣。可他后来发现，正值壮年的魏嗣，还不如老迈的魏惠王，简直不可救药。

　　魏嗣是魏惠王的太子，但魏嗣本来并不是魏惠王的太子。魏惠王的首任太子名叫魏申，是魏惠王的长子，不幸在马陵之战中战死。这件事让魏惠王悲痛欲绝，终生不能释怀，还向孟子诉说过。魏申死后，魏惠王立魏嗣为太子。

　　公元前319年，魏惠王去世，魏嗣继承王位，是为魏襄王。

　　魏襄王是个能力平庸的君主，孟子非常清楚，但他还是对魏襄王抱以期望。原因无他，平庸的魏襄王还有个闪光点——孝顺。

　　话说魏惠王死在了一个寒冷的冬天。下葬时，天气异常，下起鹅毛大雪，魏宫上下，唯余莽莽，积雪遮住牛母，压垮城墙，给魏惠王的葬礼造成了极大的不便。魏国群臣无不建议魏襄王更改下葬日期。

　　他们说："雪下得这么大，还要给先王下葬，老百姓恐怕有意见。再说，灾害天气下葬，开支大，国库恐怕吃紧。"

魏襄王却说："我不管！先王的葬礼就要如期举行！我都不怕劳累，老百姓凭什么有意见？"又歇斯底里地说："先王和百姓哪个重要？我作为儿子，却因百姓改变葬期，就是不孝！"

看到魏襄王那副不恤百姓却又理直气壮的样子，魏国群臣真想扇他一巴掌。不过这一巴掌终究没扇下来，却请来了公孙衍。

公孙衍是著名的纵横家大师，能言善辩，大臣们原以为他能让魏襄王回心转意，不料公孙衍却直接说："这事别找我，我干不了！"

大臣们忙问："你都干不了，还有谁能干？"

公孙衍向他们推荐惠施。惠施是名家学派开山祖师，曾担任魏国相国，还是庄子的铁哥们。更重要的是，他和魏襄王交情匪浅。惠施接下这门苦差事，好说歹说，甚至搬出了周文王葬父的故事，才让魏襄王改变主意。

孟子很喜欢那个故事，大意是说：周文王将父亲季历葬在楚山之下，有一年发大水，冲毁了季历的陵墓，墓地一片狼藉，连棺材板也暴露在外。百姓们都很同情季历的遭遇，周文王却说，这是他父亲想和百姓见面呢，所以才让大水冲出棺材。于是将棺材挖出，搭起帐篷，让百姓拜祭。三天之后，再重新下葬。

惠施想借这个故事告诉魏襄王，周文王当然明白陵墓被毁不是季历的意思，他之所以这样说，是因为不希望百姓在大水泛滥时还给季历修墓。既然周文王都因百姓延缓父亲葬期，你为何不能呢？

魏襄王无言以对，只好听从惠施的建议。

孟子从魏襄王葬父事件中，不仅看到了魏襄王的孝顺，还发现了他的一个闪光点，仰慕古代圣王。当惠施以周文王葬父的事劝说魏襄王时，魏襄王立马听从了他的建议。孟子心想，这一点魏襄王就要比齐威王他们强，如果葬父事件的主角是齐威王，他肯定不会听从惠施的建议。

当然，这不意味着孟子赞同魏襄王的"愚孝"，但他认为，既然魏襄王既孝顺又仰慕圣王，就足以说明他孺子可教。

随着时光的流逝，孟子的这种感觉反而越来越强烈，事实也似乎正朝着他的感觉发展。葬父后没多久，魏襄王就决定接见孟子。

见魏襄王对自己如此重视，孟子心花怒放，他仿佛看到了魏襄王在他面前，言听计从得如小学生，脑海中又迅速浮现出一片恭顺孝悌、安定祥和的景象，那是施行仁政后的魏国，和他梦境中的圣王时代一模一样。

然而，孟子始料未及，他见到魏襄王的第一眼，就有种不祥的预感。但准确地说，那是一种令人讨厌的感觉，因为令人讨厌，所以才让孟子产生不祥的预感。

在孟子心中，魏襄王的形象应该像魏惠王那样，既平易近人，又威严赫赫，让人既容易亲近，又不敢有所轻薄，这样才符合标准的圣王形象。可他没料到，魏襄王长得像个瘪三，或者说，他轻浮的言行举止使得他像个瘪三。

那一刻，孟子非常失望，他讨厌和一个"瘪三君主"交谈。他后来对人说："魏王那家伙，我远远地望着他，就不像个君主。走近了一看，我的天哪，还不如隔远看，一点令人敬畏的气质都没有（望之不似人君，就之而不见所畏焉）。"

孟子后半辈子都被魏襄王恶心到了。那日，魏襄王冒冒失失地问道："先生，天下如何才能安定？"

魏襄王提问时，孟子正在谈论别的话题，他猝然一问，无疑打断了孟子的话。本来，孟子见魏襄王一副瘪三样，就已非常失望，但他还是抱着侥幸心理，万一魏襄王人不可貌相呢？
但魏襄王这一打断，非常失礼，让孟子几近绝望。

不过，孟子还是耐心地回答了魏襄王："若想天下安定，只有统一天下。"

原来孟子也赞同统一天下。魏襄王非常高兴，忙问："如何才能统一天下呢？"

孟子说："君主若不嗜杀，就能统一天下。"

魏襄王一愣，显然，孟子的观点超出他的智商水平，他挠头问："君主如果不杀人，还会有人追随他吗？"

在魏襄王看来，君主就应该通过杀戮立威，如果对臣民心慈手软，臣民就会上房揭瓦。孟子恰恰反对这点，他认为治国应以德服人，杀戮立威是暴君所为，所以他很生气地说："错，应该是天下归心。"

魏襄王用毫无疑问的口气问道："这是为什么呢？"

孟子冷冷道："你不懂从政，难道还不懂禾苗吗？七八月间的禾苗，在烈日暴晒下，几乎枯槁，这时只要大雨一到，禾苗就会旺盛生长。这样的形势谁能阻挡？如今执政也是这样。天下君主都喜好杀戮，百姓苦不堪言。百姓祈盼仁政，就如禾苗祈盼大雨，如果有国君不嗜杀爱护百姓，百姓必然蜂拥投奔。这样的形势谁能阻挡？"

但魏襄王却不这样认为。孟子却认为他没有理由不这样认为，除非脑子进水。因为道理实在已经说得再明白不过，趋利避害是人之本性，当所有君主都滥杀无辜时，仁而爱人的君主难道不会得到天下拥护？

魏襄王站在自身的立场上，利用他有限的智商想了很久，得出如下结论：

第一，如果不通过杀戮立威，或许正如孟子所说，能得到百姓拥护。但那又有何用？大臣们会把我当软柿子。我得到"华而不实"的民心，却换来群臣的暗算，王位都岌岌可危，还谈何统一天下？

第二，百姓都是见识鄙陋的愚民，老老实实缴税服役就行，指望百姓一统天下那是扯淡。统一天下，还得依靠我个人的雄才大略，以及朝中的文臣将相。所以，没必要得到百姓拥护，只需要百姓顺从就可以。而顺从可以通过严刑峻法做到。

第三，百姓再热爱君主，也不可能胜过爱惜自己的生命。如果不通过杀戮立威，百姓们上战场后，一定贪生怕死当逃兵。到时魏国非亡国不可。更何况，对百姓太过仁慈，百姓也会得寸进尺，想着"大王轮流做，明年到我家"。

魏襄王虽然没有对孟子说出这番话，但他统治者色厉内荏、傲慢自私的嘴脸表露无遗，孟子因此对他彻底绝望。

一绝望，孟子就决定立刻离开魏国。

孟子决定离开魏国，不仅是因为魏襄王是个不可救药的"瘪三"还因为收到了齐宣王的召唤。

齐宣王虽然没有对孟子发出邀请，但他无疑非常欢迎孟子的到来。齐宣王即位后，比他爸爸齐威王年轻时更喜欢名士，他很快又重开稷下学宫，以高官厚禄大力招徕游士，稷下学宫又恢复了往日的兴盛。

因缩短丧期的事，孟子曾经反感齐宣王，但听说他尊贤重道后，又对他生出几分好感。后来，他又从别处打听到，齐宣王非常仰慕自己，孟子因而对齐宣王的好感越来越强烈。

孟子的政治主张天下皆知，齐宣王为何仰慕自己？在孟子看来，这是他崇尚仁政的体现，所以，与其说齐宣王仰慕自己，不如说他仰慕圣王。如果齐宣王真正仰慕圣王，就必定施行自己的主张，那么他就能实现自己的政治理想。

想到这里，孟子脑海中又浮现出一幅画面，和见魏襄王之前的一样，但更清晰、更真实，似乎触手可及，让孟子心潮澎湃，跃跃欲试。他已经迫不及待与齐宣王相见。

孟子辞别魏襄王后，马不停蹄地奔赴齐国。速度越快，他的心情反而越急切，恨不得脚下生风，日行千里。

很快，孟子就进入齐国境内，来到范邑（今河南范县）。范邑的行政长官是齐宣王的庶子，得知大明星孟子即将到来，连忙亲自出城相迎。孟子远远看着器宇不凡的齐宣王庶子，他的打扮是那样的高贵，他的举止又是那样的恭敬，不禁感叹道："同样都是王嗣，他咋就那么优秀呢？"

学生们无比惊讶地看着孟子。孟子又自言自语道："环境改变气度，调养改变体质，看来环境实在太重要了！"

说完，孟子看了一眼学生们，又望着齐宣王庶子，侃侃道："王子的房子、车马和衣服，多与人不相同，他之所以如此与众不同，正是居住环境不同啊！"

学生们都明白，孟老师这是在夸奖齐宣王。因为王子的良好生活环境，正是得益于齐宣王的创造。因为这句话，也有的学生怀疑，孟老师爱屋及乌，对王子的评价也许言过其实。

但接下来，学生们又发现不是那么回事。或者说，孟子的用意不仅如此。

孟子倏然长叹一声，他告诉学生们，自己想起一个故事。他说："当初鲁国国君来到宋国，在宋国的东南城门下呼喊，宋国的门卫很纳闷，这人明明不是我国君主，为何声音和我国君主这么相似呢？（此非吾君也，何其声之似我君也？）"

原来，孟子夸赞王子的与众不同，只是想证明生活环境的重要性。这个故事，就是孟子论证环境重要性的第二个论据。孟子乘机告诉学生们："鲁君和宋君之所以声音相似，是因为他们的居住环境相似。"

这时，孟子不无吃惊地发现，学生们都半信半疑地看着自己。但这不是学生们不相信孟子所说的故事，而是不敢相信环境竟能有如此魔力，让声音完全不同的两个人声音相似。如果环境相似声音就相似，那么，一个家庭的各个成员，生活环境完全相同，声音岂不是也完全相同？一个村庄的各个村民，生活环境也相似，声音岂不是也相似？这显然与事实严重不符。

环境当然可以改变一个人说话的语调，处于相同的环境中，甚至可以让声音相似的两个人声音几乎相同，但绝对不可能让声音完全不同的两人声音相似。所以，事情的真相应该是鲁君和宋君的声音本来就相似，或者说门卫个人认为相似，而不是环境使然。

为了证明自己的观点，孟子做了一次毫无必要的牵强附会。这种牵强附会甚至可以说是画蛇添足，本来让人信服的道理，经过这种多此一举，反而在最后给人留下可疑的感觉。

孟子不止一次犯过类似的错误，他总是不惜一切证明自己的正确，这种太过执着于说服对方的心理，或许反而是他游说失败的原因之一。

当孟子和学生们谈论生活环境的作用时，齐宣王庶子正笑意盈盈迎面走来。话题突然中止，孟子在齐宣王庶子热情友好地邀请下入城。

齐宣王庶子为孟子接风洗尘，他的宴会热闹而不喧哗，他的性格谦卑而不低贱，他的言谈卓越而不高冷，他的举止尊贵而不傲慢，他的一切都遵循礼仪，让孟子赏心悦目，非常欣赏。由子及父，他因此也越来越急切的想看到一个全新的齐宣王。

与此同时，齐宣王也正在焦急地等待孟子的到来。孟子绝对想不到，齐宣王期盼相会的心情之急切，丝毫不逊于他。

在范邑没停留多久，孟子就辞别齐宣王庶子，马不停蹄赶赴齐都临淄。到达临淄后，齐宣王由于公务缠身，并没有亲自相迎，也没有立刻接见孟子，但他还是派出特使，隆重接待了孟子一行。

孟子被照例安排入住稷下学宫。孟子这年54岁，这是他第三次入住稷下学宫（第一次是孟子26岁时，那时他初出茅庐；第二次则是孟子50岁时，那时他刚给母亲守完丧），也是他人生中最后一次入住稷下学宫。

即使已经入住稷下学宫两次，但第三次入住时，孟子心情仍旧无比开心，满怀期待。这是因为，今日的稷下学宫，比齐威王时期更兴盛，入住稷下学宫更有前途。不仅如此，齐宣王给孟子的待遇，比齐威王更丰厚。这意味着，齐宣王更重视知识分子，或者说比齐威王更重视孟子。

但孟子也略有遗憾，他没能马上见到齐宣王，也不知要等待多久。由于在齐威王时期的遭遇，孟子担心齐宣王也和他的父亲一样，渐渐冷落他们这些稷下学宫的学者，他根本没有任何表现的机会。

不过，对于没能马上相见，齐宣王更遗憾。孟子刚出发前往齐国时，齐宣王一得知，便恨不得立刻能和孟子相见。孟子到达临淄后，他却因故不能立刻接见孟子，其内心之郁闷和急切可想而知。

于是，在公元前319年的某天，稷下学宫孟子的府中，发生了戏剧化的、滑稽的一幕。这一幕，孟子当时毫不知情，但他又是这一幕的主角之一。

齐宣王虽然非常仰慕孟子，但很遗憾的是，他并没有见过孟子本人。孟子来临淄前，他在脑海中臆想过无数次孟子的形象，这使得他对孟子的形象越来越好奇。正因如此，他才会如此急切与孟子相见。

可正如前面所说，齐宣王实在脱不开身，不能马上一睹孟子真容。于是，他决定派人观察孟子的相貌，描述给他听，聊解好奇之心。但他又担心孟子笑话他，于是改光明正大的观察为滑稽的"偷窥"。

这样滑稽的一幕可以想象：当孟子正襟危坐时，门外却有一个鬼鬼祟祟的人，贼眉鼠眼地盯着他看。这人每看一下，就警觉地四处观望，仿佛在做见不得光的事。孟子的每一个陌生的举动，都让他跟着心惊胆战。只过了一会儿，他便蹑手蹑脚，像只光天化日之下闯入大街的老鼠一样，战战兢兢而不失敏捷迅速离去。

这只可爱的"小老鼠"走后，孟子还蒙在鼓里。直到有一天，齐国相国储子拜访孟子，孟子才从他口中得知偷窥的事。

储子拜访孟子，不是专为泄密而来。他只是很好奇，孟子与普通人究竟有何不同，以至齐宣王派人偷窥。按说这个问题应该问齐宣王，但储子犹豫了半天，还是决定退而求其次，向孟子本人询问。

储子认真盯着孟子，说："大王派人偷窥你了。"

孟子顿时口嘴微张，但旋即恢复平静，脑子却在不断转动，直到内心泛起阵阵欣喜。

储子上下打量着孟子，问："先生果真有异于凡人之处吗？不然大王何至于此？"

孟子欣然而笑："哪有，哪有！"又故意严肃地说："即便是尧舜，看上去也跟常人也没两样，我怎会有异于凡人之处？"

话虽如此，但孟子内心深处，并不完全这样认为。

管仲不值得学习

孟子不认为自己在形象上与众不同，但他认为自己在智慧上超凡脱俗，他非常赞同商朝名相伊尹的观点，"天之生斯民也，使先知觉后知，使先觉觉后觉"，他甚至认为自己也算个启迪世人的先知。

他向来无比自信，甚至到自负的地步。当储子告诉他，齐宣王派人偷窥他时，他很快就明白，这意味着齐宣王对他的重视，这种自信的心理因而更加泛滥。

齐宣王对孟子的重视，不仅表现在偷窥和之前所说的待遇上，几乎各方各面都可以体现，这种生活的氛围就与齐威王时期不同。孟子不免有些意气洋洋，飘飘欲仙，学生们也跟着高兴，仿佛孟老师马上就会被齐宣王予以重任。

公孙丑也由衷为孟老师感到庆幸，他按捺不住内心的喜悦，问孟子："如果老师在齐国掌权，不知能否重现管仲和晏子的功绩？（天子当路于齐、管仲、晏子之功，可复许也？）"

孟子笑嘻嘻地"咦"了一声，调侃道："你还真是个齐国人，就知道跟我说管仲和晏子的事！"

突然，他好像想起了什么，又说："当年有人问曾西（曾参之子）他和管仲谁更强？你知道曾西是如何回答的吗？"

公孙丑摇摇头。孟子说："曾西当时很生气。他说，你怎能拿我与管仲相提并论？齐桓公如此器重他，他在齐国掌权如此之久，而功绩却如此之卑微。你干嘛看不起人，拿我和管仲相提并论？"

公孙丑吓了一跳。管仲何许人也？齐国一代名相，辅佐齐桓公，九合诸侯，一匡天下，连孔子也对他竖起大拇指，"如果没有管仲，咱们都成蛮夷啦（微管仲，吾其披发左衽矣）！"高度赞扬管仲抵抗狄人的功绩。然而，曾西居然堂而皇之地叫嚣，他不屑与管仲相提并论！实在狂妄至极。

但公孙丑没料到，孟老师更"狂妄"，他居然豪气冲天地说："连曾西也不愿与管仲相提并论，难道我愿意向他学习吗？（管仲、曾西之所不为也，而子为我愿之乎？）"

这真是一条骇人听闻的鄙视链。管仲是历代公认的贤人，后世臣子仰望不及的榜样，可曾西居然不愿与之相提并论，而孟子又认为自己远在曾西之上。如此对比，功高盖世的名相管仲，岂非成了孟子跟前的小矮人？

公孙丑又被吓了一跳。他毫不顾及孟子的颜面，一副不以为然的表情，反问道："管仲辅佐齐桓公称霸诸侯，难道他还不值得学习？"

孟子却轻蔑地说："有什么可学的，凭借齐国的实力，就算统一天下，也易如反掌，何况只是称霸！"

公孙丑义愤填膺地说："照您这么说，难道周文王也不值得学习？"

孟子连忙打断道："你这是什么话？"

公孙丑说："文王活了一百岁，你知道他多努力吗？可即使如此，他也没能统一天下。如今，老师却把统一天下说得如此简单，岂非文王不值得学习？"

孟子面红耳赤，登时变得非常激动，忙说："我没这个意思！"

过了一会儿，他又恢复大思想家的从容，说："文王岂是常人可比，他开创基业的历程，实在太艰难了！"

孟子唯恐公孙丑误会他，忽然思如泉涌，表达欲望非常强烈，大意是说：文王创业那会儿，商朝经过数代贤王的治理，人心归附，政权已经非常稳固。即使到纣王时，还有比干、微子那样的贤人辅佐。而文王只是区区一方诸侯，若想推翻强大的商朝，自然非常困难。可是，文王还是凭借区区百里之地，建立丰功伟业，可见文王的德行和智慧之高。

公孙丑点点头。孟子又说："但如今与文王创业时不同，百姓被暴政折磨，民不聊生，祈盼圣王仁政比什么时候都急切，几乎到了饥不择食的地步。只要有君主施行仁政，天下百姓必然争先恐后投奔。而齐国地方千里，百姓众多，比文王创业时的任何诸侯国都强大，如果齐国施行仁政，统一天下难道不是轻而易举？"

说这番话时，孟子大概"忘了"，管仲是春秋早期的人，那时周朝也是历经数代贤王治理，虽然周天子的实力不济，但周王室的权威仍在。而且，周天子还没有残暴的骂名，天下人并没有像痛恨纣王那般痛恨周王，管仲又如何能取代周王室？

孟子忽略了一个事实。齐国国土辽阔，纵横千里，这确实是前代所未有，但七雄并立的局面，也是前所未有。齐国纵横千里，难道秦国不是，楚国不是，其他四强不是？齐国百姓众多，难道秦国不是，楚国不是，其他四强不是？

如果我是公孙丑，除了说这些，还要问孟子："如果说商朝因根基太深难以推翻，难道夏朝不是？商汤为何就能凭七十里地统一天下呢？纣王难道不是儒生口中最残暴的君主？当今国君再残暴，还能超过纣王？按先生的逻辑，纣王时代的百姓才是最可怜、最渴望仁政的，文王怎么就没能统一天下呢？"

可惜，公孙丑没有想到这点。或者，他想到了，也这样问了，但被《孟子》的著录者们删帖了。

不过，后来公孙丑问过孟子另一个问题（这个有趣的问题，后文中会着重讲述），在那个问题中，他又提到了让孟子在齐国掌权的事，但从他的言论中不难发现，公孙丑可能早已被孟子说服。

更值一提的是，在回答那个问题时，孟子的口气平和了许多，远没有此时这样"狂妄"。

那么，是怎样的一番奇遇，让自负的孟子恢复理性？

"牛奴"齐宣王

当代社会，发明了许多新鲜词汇，比如有关"奴"的新词就有许多，房奴、车奴、孩奴，等等，不一而足。

这些"奴"大抵都是描述客观事实，甚至略有一种同情意味，然而还有一种带有讽刺意味的"奴"，如网络上流传的"狗奴"。所谓狗奴，大抵讽刺那些"对狗比对人还好、重狗权不重人权"的极端爱狗人士。

那么，用现在的话来说，大名鼎鼎的齐宣王也勉强算个"牛奴"。

孟子入住稷下学宫后不久，齐国大臣胡龁给他说过一个故事，在那个故事中，齐宣王表现出了他的"牛奴心理"。

话说，有一天齐宣王安坐在大殿上，有一人牵着一头牛从殿下走过。齐宣王无意中瞟了一眼，见那头牛战战兢兢的样子，顿生怜悯之心，便问："这头牛准备用来干什么？"

牵牛的人说："准备宰了它祭钟。"

齐宣王一副多愁善感的样子，说："放了吧，你看它那么可怜，又没做错事，我实在不忍心见它去死。"

牵牛的人不以为然："放了它？难道为了区区一头牛，就废除祭钟的礼仪吗？"

齐宣王笑道："这怎么可以？换头羊吧！"

牛和羊难道不是平等的生命？为何不忍无辜的牛被宰，却又让无辜的羊替代？显然，在今人看来，齐宣王有点儿"牛奴心理"。

不过，当时齐国人却不这样认为。而孟子又不赞同齐国人的看法。孟子认为，如果胡龁没有欺骗他，这个故事足以说明，齐宣王具有成为圣王的潜质。

于是，当孟子得以与齐宣王相见时，便迫不及待向齐宣王求证。

那是一个灿烂美好的日子，齐宣王感觉那天像过年一样隆重，空气中充溢着喜庆欢乐的味道，他终于有空与孟子相会。齐宣王一见到孟子，就被他儒雅而不失威严的气质吸引，孟子的形象和他想象中的颇有几分相似。齐宣王按捺不住内心的喜悦，和孟子寒暄了一会儿，就开始进入正题。

孟子想先向齐宣王求证那件事。他本来就想求证，见到齐宣王后，这种欲望就更强烈。因为他对齐宣王的第一印象也很好。但齐宣王也早就憋着一个问题，他比孟子更急切，故而先行一步，向孟子发问。

这个问题让孟子略感不快。

齐宣王问："先生可以和我说说齐桓公和晋文公的事迹吗？"

孟子尴尬而不失礼貌地说："不能。"

孟子实在非常反感，诸侯国君三句话离不开齐桓晋文，他们难道可以和尧舜文王相提并论？尧舜文王是礼制的开创者，而齐桓晋文是礼制的破坏者，孰高孰低，一目了然，他们为什么好样不学学坏样呢？

但想到推崇齐桓晋文是社会主流，齐宣王只是未能免俗，孟子又顿时释然。

齐宣王这时也很尴尬，他谦卑地向孟子提问，没想到竟被孟子拒绝。孟子马上笑了笑，说："大王，说实话，如果我知道，我怎么会不和您说？我根本不清楚啊！"

"啊？"齐宣王登时又由尴尬转为惊讶："先生难道这也不知道？"

孟子说："我确实不知道。孔子的学生没有谈到齐桓晋文之事，所以也没有传到后代（仲尼之徒无道桓文之事者，是以后世无传焉），我自然也就不知道。"

齐宣王好像明白了什么。齐桓晋文之事，史不绝书，怎会没有流传？这让人不得不怀疑，孟子读书的范围很窄，只钟情于儒家经典，至少他对历史并不重视，否则不至不清楚齐桓晋文之事。

这又未免让人联想到八股文时期的科举考生，只注重与考试相关的四书五经，其他实用书籍一概不读，连史书也搁置一旁，以至闹出"《史记》是什么书，司马迁是哪位先生"的笑话来。

现场的气愤又变得尴尬起来。齐宣王不知如何接话。孟子又笑了笑，说："如果大王一定要我说，不如说说王道吧。"

齐宣王忙说："好，那先生就说说，一个人的道德要修养到何等地步，才能统一天下？"

孟子说："全心全意为百姓服务，安定百姓，就能够统一天下。"

齐宣王很好奇："像我这样的君主，不知在先生看来，能否安定百姓？"

孟子毫不犹豫地答道："能！"

齐宣王更加好奇："先生就这么肯定？"

孟子突然想起一个问题，他早就想向齐宣王求证那件事，于是乘机说出来，并问道："胡龁说的那件事，是真的吗？"

齐宣王说："是真的。"

孟子眼前一亮："这就对了，大王能做到那样的事，就有统一天下的潜质，何况安定齐国百姓！"

齐宣王不禁咧嘴而笑，但又丈二和尚摸不着头脑："因为这事，有些人竟然说我抠门，先生为何反而说我能统一天下？"

孟子说："我知道大王不是抠门，大王只是不忍心而已。"

齐宣王顿觉知音难觅，一把握住孟子的手，滔滔不绝起来："就是就是，齐国就算再小，我也是区区一国之君，要什么没有？何必吝啬区区一头牛。我不过是看那头牛可怜，才用羊代替他罢了。"

正当齐宣王对他投以感激的目光时，孟子却又说道："不过，大王也不必奇怪百姓们说您吝啬，牛大羊小，大王以小换大，谁不会这样认为？"

齐宣王犹如猜中五百万大奖却发现自己没买彩票一样懊悔，又犹如错将陌生人当作阔别很久的挚友一样失落，孩童般怨愤地盯着孟子。

孟子觉得很好笑，忙说："百姓怎能理解大王的深意呢？再说，大王可怜牛被宰，却又让羊替代，难道羊就不可怜吗？"

齐宣王反而被孟子逗笑，挠头说："您都把我说糊涂了。我确实不是吝啬牛，但您这么一说，似乎百姓的话又是对的。"

孟子看着齐宣王："我懂大王，大王之所以让羊替代牛，是因看到了那头牛害怕的样子，而没有看到羊害怕的样子。所以大王同情牛。这是仁爱之心的体现。古人说，君子远庖厨，就是这个道理。（无伤也，是乃仁术也！见牛未见羊也。君子之于禽兽也：见其生，不忍见其死；闻其声，不忍食其肉。是以君子远庖厨。）"

齐宣王欣然而笑，又一把握住孟子的手，感激地说："先生啊，您真是说到我心坎去了。"又向孟子投来敬佩的目光："这件事，我自己都说不出所以然，先生居然能够说得一清二楚，让我豁然开朗。"

但紧接着，他又很疑惑："我只是不忍心罢了，这与统一天下有何关系？"

不能与不想

　　齐宣王认为不忍杀牛与统一天下风马牛不相及，孟子却认为，这两者是因果关系。

　　因为不忍杀牛，所以能统一天下？

　　孟子顿了顿，没有立刻回答齐宣王的问题，反而先问了他一个问题："如果有人告诉大王，自己能够举起三千斤的重物，却不能拿起一根羽毛，您信不信？"

　　齐宣王还未缓过神来，孟子又问："如果有人可以把秋天鸟的羽毛看清（明足以察秋毫之末），却看不清眼前的一车木柴，大王您信不信？"

　　"不信，不信。"齐宣王连连回复，却不知孟子葫芦里卖的什么药。

　　这时，孟子忽然微笑地看着齐宣王。这反而把齐宣王弄得七上八下。因为他知道，孟子接下来一定会用这两个问题大做文章。

　　果然，孟子清了清嗓子，用一种柔和的质问口气，说："大王对动物都如此仁慈，不忍心杀牛，为何却对百姓这么残忍呢？"紧接着又说："大王施恩，连禽兽都能感受得到，百姓反而不受恩惠，这又是为什么？"

　　齐宣王怔怔地看着地板，不知如何回答。

　　孟子意味深长地一笑，又问道："能举起三千斤的人，却说自己拿不起一根羽毛，这不是真的拿不起，只是不肯用力罢了。大王认不认同？"

齐宣王只当是个普通问题，说："是这样。"

孟子忙说："大王恩足以及禽兽，却不及百姓，难道不是这样？大王不是不能施恩百姓，只是不想罢了！"

齐宣王满脸通红，结结巴巴地想反驳孟子，结果越想脑子越混乱。过了好一会儿，他才平静下来，反问孟子："不能与不想之间有何区别？"

孟子说："挟泰山以超北海，这是不能。但如果替老人折树枝，却也说不能，这就不是不能，而是不想。"说罢，看了一眼齐宣王，又说："以齐国之强，大王行仁政，就犹如给老人折树枝那样简单，但大王没有做。这就是不想，而不是不能。"

齐宣王很不服气："哪有你说的这么简单？"

孟子轻视地笑道："看来你还不懂。"

齐宣王忙问："不懂什么？"

孟子说："不懂《诗经》上的道理。"

齐宣王很好奇："《诗经》上说过什么？"

孟子兴致勃勃地说："《诗经》上说，先给妻子做榜样，再推广到兄弟，进而推广到国家（刑于寡妻，至于兄弟，以御于家邦）。大王为何不这样做呢？把您对禽兽的仁爱之心，一点点推广到齐国，乃至整个天下，那么，整个世界都会充满爱。只要把所有的善，都由近及远的推广，那么，整个世界都会充满善，大王就能统一天下。"

看到孟子那副陶醉的模样，齐宣王却只是笑笑，一言不发。

孟子很不理解，不无抱怨地说："您不喜欢仁政，难道非得挑起战火，让百姓们舍生忘死，和别国杀得你死我活，死伤枕藉，才痛快吗？"

齐宣王几乎跳起来，忙说："我不是，我没有！"

孟子应声而问："那您打仗是为了什么？"

齐宣王被问得措手不及，一不留神，说漏嘴了："我是为了满足我最大的欲望啊！"

孟子忙问："您最大的欲望是什么？"

齐宣王缓过神来，又只是笑笑，一言不发。

显然，齐宣王不想告诉孟子他最大的欲望，但孟子却颇不识趣，决定在这个问题上打破砂锅问到底。

他一连问了齐宣王好几个问题："您发动战争，是因贪吃，想从别国争夺美食吗？还是想穿美衣华服？又或者想听更美妙的音乐？还是嫌国内美女太少？"

齐宣王微笑地看着孟子。孟子说："依我看，这些恐怕都不是您打仗的原因，难道齐国不能满足您这些欲望？"

齐宣王终于开口说话："你说的话没错，确实不是为了这些。"

孟子说："那我知道大王的最大欲望了。"

齐宣王却毫不惊讶："你说说看。"

孟子说："您想开疆辟土，臣服诸侯，成为天下盟主，同时安抚四方蛮夷。"

见齐宣王默认，孟子又危言耸听地说："不过，我要劝诫大王，以您的行为去实现这样的愿望，无异于缘木求鱼。"

齐宣王不以为然："有这样严重？"

孟子却唬声道："其实比这更严重。缘木求鱼，虽然捉不到鱼，但没有损失。但您那样做，非但不能实现愿望，反而后患无穷。"

齐宣王半信半疑："是吗？那请先生说说，为何会后患无穷？"

"好，我先问您一个问题。"孟子又卖起关子来。

齐宣王突然有点儿紧张，他知道孟子的问题一定大有文章，他不能掉入孟子设计的圈套。但他没料到，孟子的问题却非常简单，容不得他再三思考。

孟子问："邹国和楚国开战，你认为哪一国会胜？"

这是秃子头上的虱子明摆着，但齐宣王还是想了一会儿，才嗫声嗫气地说："楚国。"

说这话时，他仍觉得问题没那么简单。事实上，问题确实如此简单。孟子说："您答对了。"

但如果将问题延伸，又变得颇不简单。孟子又乘机说道："可见，小国和大国为敌，是死路一条。齐国虽然地方千里，但天下千里之国共有九个，齐国不过占有九分之一。显然，面对整个天下，齐国就成了小国。大王穷兵黩武，以区区齐国对抗整个天下，这与邹国对抗楚国有何区别？"

齐宣王一时没想明白，竟向孟子投来认可的目光。孟子连忙抓住机会，说："如果大王能施行仁政，就不是与天下为敌，而是让天下归心。"

齐宣王不觉身子前倾，又惊讶又好奇地问："为何会让天下归心？"

孟子说："人都是趋利避害的，如果大王行仁政，天下读书人都愿来齐国做官，天下农民都愿来齐国种地，天下商人都愿来齐国经商，天下游客也都愿取道齐国。那些痛恨本国君主暴政的人，也会来齐国控诉。这岂不是天下归心？届时，大王若想统一天下，岂不像折树枝那样轻而易举？"

在儒生眼中，孟子这番话实在是老生常谈，孟子本人也说过无数次，但幸运的是，齐宣王此前没有听说过，所以这番话对他颇有诱惑力。

他陶醉在孟子描绘的美好蓝图中，孝悌、仁爱、雍容、太平、繁荣的画面在他的脑海中飞速旋转，但同时，父亲齐威王遗传的务实精神又正在潜移默化地影响他，使他产生一种无名的虚幻之感。

对孟子描绘的盛景，齐宣王既无比向往，又感觉有点儿不切实际，它更像一个逼真的梦境。他想了半天，对孟子说："我脑子有点儿混乱，对先生的话理解得不够深刻，希望先生能说得更透彻一点，明明白白地教导我。"

见孟子脸上似有难色，齐宣王又认真地说："我虽然不英明，但如果先生说清楚了，也愿意试一试。"

孟子不禁欣然而笑。三四年前，他游学滕国时，和滕文公姬宏谈过"有恒产者有恒心，无恒产者无恒心"的话题，孟子认为这个话题很深刻，于是又把其中道理详细地给齐宣王讲解了一遍。

说完意犹未尽，齐宣王也似乎不很满意。孟子又想起在魏国时，他针对魏惠王"寡人之民不加多"的困惑，提出"五亩之宅，树之以桑云云"解决方案，他认为那个方案很全面，于是也将它向齐宣王复述了一遍。

孟子明白教导齐宣王前，齐宣王说他脑子混乱，是自谦。但孟子明白教导后，他脑子确实有点儿乱，因为孟子说了许多琐碎的事情。但这不是齐宣王认为孟子的话毫无价值，而是他觉得孟子没有以一个政治家的视角，从宏观的大政方针上思考问题，更多的还是谈论生活琐事。

孟子明白教导齐宣王前，齐宣王对他满怀希望；教导后，齐宣王对他颇为失望。孟子说了许多琐事，只谈及民富，却没有说到国强。如何才能精兵强国，开疆辟土，孟子只字未提，但这正是齐宣王最感兴趣的。

齐宣王虽然有些文人的理想气，但他毕竟是个聪明且务实的君主，从此以后，他对孟子虽然依旧非常尊敬，但只限于魏惠王对孟子时那种尊敬。

但谈论并没有终止，孟子还有希望吗？

齐宣王不擅长帝王之术。

帝王之术教导君主，一定要学会藏拙，不能让臣下发现自己的缺点，就不会给臣下可乘之机。帝王只有将自己装扮得高深莫测，让臣下觉得自己的君主无所不知，无所不能，如履薄冰地效忠君主，才能随心所欲地统御群臣。

齐宣王却似乎不善于藏拙，也不善于伪装自己。孟子不知，他在群臣面前是否如此，但他在自己面前，就非常的坦诚。

有一天，齐宣王问孟子："和邻国交往，有何方法？"

孟子说："有的。只有仁爱的人，才可能以大国服事小国，比如商汤服事葛伯；只有聪明的人，才能以小国服事大国，比如勾践服事夫差。"

听到商汤以大事小，齐宣王颇不以为然。孟子说："以大事小，这是顺应天命嘛，这样的人很快乐；以小事大，这是敬畏天命。前者足以安定天下，后者可以保全国家，都是很重要的（以大事小者，乐天者也；以小事大者，畏天者也。乐天者保天下，畏天者保其国）。所以《诗经》上说'畏天之威，于时保之'。"

齐宣王心里很不认同，但还是装作一副很受用的样子，说："先生的话太精辟了！"

说完，齐宣王又有些后悔，不是后悔不该说违心话，而是不该如此称赞孟子。孟子听到后，一定会乘机建议齐宣王：

"既然这么精辟，大王为何不听从呢？"

没等孟子开口，齐宣王救火一样着急地说："但我这人有个毛病，太好勇，天生就是要当老大的人，恐怕难以给别人当小弟。"

这是实话，也是借口。却不料，这反而让孟子有所误解，他说："好勇不是问题，请大王更加好勇，大大的好勇！"

齐宣王惊歪了下巴："您，您这是什么意思？"

孟子笑道："如果大王好勇，就好大勇，别好小勇。像那种动辄就握着宝剑威胁别人的勇，就是小勇，典型的小流氓之勇，没啥用。"

齐宣王很好奇："那什么是大勇？"

孟子说："文王一怒，举兵而起，讨伐莒国的侵略者，还天下一片太平，这是文王之勇。这便是大勇。"

"像纣王那样，一人横行天下，这是武王深以为耻的。所以武王一怒而起，讨伐纣王，天下因此安定，这是武王之勇。如果大王能像文王、武王那样好大勇，好勇就不是毛病，天下百姓巴不得大王好勇！"

齐宣王像魏惠王那样点点头，不置可否。

孟子瞪了齐宣王一眼，他终于明白，所谓好勇只是借口，齐宣王根本没有听从他建议的诚意。

拿自己的毛病当借口，齐宣王不止做过一次，孟子记忆犹新，在明堂事件中，齐宣王居然两次拿毛病当借口，不采纳他的建议。

明堂是古代帝王宣扬政教之处，凡朝会、祭祀、庆赏、选士等大典，均在明堂举行。然而，齐国却有大臣建议齐宣王："把明堂拆了算了，没必要弄得那么花里胡哨的，浪费国家财产。"

大臣的建议不无道理，但齐宣王转眼又想，留下明堂，更能彰显王者之气。堂堂万乘之国，如果连这点派头也没有，就和草台班子似的。但过了一会儿，他又想，派头重要还是财产重要？做王应该务实嘛！

齐宣王就这样处于矛盾中，犹豫不决，于是决定听取孟子的建议。他说："很多人都建议我毁掉明堂，哎呀，我烦死了，到底毁不毁呢？"

由于之前齐宣王对他的敷衍，孟子本来对解答齐宣王的问题很消极，不冷不热地说："明堂是王者之殿堂，如果大王想行仁政，那就别毁。"

齐宣王听出了弦外之音——如果你不想行仁政，就随便。齐宣王不想行孟子所谓的仁政，但连他自己也感到奇怪，他居然鬼使神差地问道："如何践行仁政，先生能否给我说说？"

孟子犹如在黑暗的绝境中看到一抹光亮，登时一扫心中的阴霾，变得非常活跃，忙说："遵照文王的治国方略，就是实行仁政。"

文王的治国方略是怎样？又是那一套老生常谈的论调，如十分之一的税率、不征关税云云。总之，只是一些故事性的条条框框，没有上升到大政方针的层面。

但对齐宣王来说，一个学者能将这些信息信手拈来，就已非常了不起。大政方针需要周详规划，不可能三言两语说清楚。齐宣王非常佩服孟子的博闻强识，情不自禁地竖起大拇指："先生说得真好！"

但这并不意味着齐宣王推崇仁政。因为"此好不等于彼好"，齐宣王只是称赞孟子口才好，而不是称赞孟子的仁政观点。他想用这种含糊不清的话敷衍孟子。

孟子却乘机说："既然如此，大王为何不实行呢？"

齐宣王顿时发现自己疏忽了。他顿了顿，决定故伎重施，

毛病大王齐宣王

说:"我有个毛病,太爱财了,不适合实行仁政。"

孟子说:"这根本不是问题。以前,文王的祖先公刘也爱财,但他能够推己及人,帮助百姓致富。如果大王也能像公刘那样,与百姓共同富裕,实行仁政又有何难?"

齐宣王在心里嘿嘿直笑:"文王祖上的事都被你挖出,文王都没你清楚他们家的事!"他想了半天,又支支吾吾地说:"还是不行,我这人太好色,不适合实行仁政。"

孟子说:"这更不是问题。"

齐宣王不禁啊了一声,说:"圣王也是好色之徒?"

孟子朝齐宣王做了一个打住的眼神,说:"好色不重要,重要的是将心比心,自己好色,要想到别人也好色,文王的爷爷太王就是这样的。"

齐宣王突然兴致盎然,忙问:"太王是怎样的?这种事难道还能帮人?"

孟子说:"太王可怜那些单身狗,于是做月老,解决百姓的婚姻问题。所以,如果大王能像太王那样好色,谁不希望大王好色?实行仁政又有何难?"

齐宣王像听到段子一样咧嘴而笑,傻傻地笑,但始终不发一言。

孟子知道,这次游说又黄了。

孟子应该很生气,齐宣王接二连三敷衍他。但他看到齐宣王那天真无邪的微笑,又着实恨不起来,一个人在那里长吁短叹。

齐宣王这个毛病大王,看似坦诚,实则全是套路。

独乐乐不如众乐乐

　　齐宣王"套路"孟子，不止一次两次，除了为自己不行仁政找借口，有时也想利用孟子替自己文过饰非。

　　当然，仅仅停留在想的层次，因为孟子并没有让齐宣王得逞。

　　往事历历在目，孟子记得，他来到临淄后不久，有一天，齐宣王突然气鼓鼓地问他："文王的园囿方圆七十里，有这回事吗？"

　　孟子不介意齐宣王的脾气，因为他知道齐宣王不是对他生气。他不紧不慢地说："书上确实有这样的记载。"

　　齐宣王想确认一下，说："真有这么大吗？"说这话时，他的口气蕴含深意。

　　孟子反问道："大吗？"

　　齐宣王很不服气："难道不大？"

　　孟子笑道："真不大，百姓还认为太小呢！"

　　齐宣王跳起来，心中窃喜，却又骂骂咧咧道："我的园囿才方圆四十里，百姓却认为太大了。"

　　孟子没好气道："你的园囿确实太大了。"

　　齐宣王愤愤地看着孟子，说："文王的园囿七十里，你说太小；我的园囿四十里，反而说太大。这不欺负人吗？你今天得给我个说法。"

　　孟子轻蔑地一笑，说："文王的园囿对外开放，百姓可以在里面打猎砍柴，跟自己的园囿似的，百姓认为太小，这很奇怪吗？"

说完又看着齐宣王："可您的园囿，设置重重禁令，百姓杀死其中一头麋鹿，就等于犯了杀人罪，弄得百姓们都不敢靠近。这不等于在国中设立了一个陷阱吗？一个方圆四十里的陷阱，百姓能不认为太大了吗？（臣闻郊关之内有囿方四十里，杀其麋鹿者如杀人之罪，则是方四十里，为阱于国中，民以为大，不亦宜乎？）"

齐宣王眼神躲着孟子，说："又不是只有我，别的君主也是这样的。"

孟子"哼"了一声，高冷地说："好像别的君主在我眼中，就是什么明君似的！"

齐宣王不禁愕然，开始躲避孟子，话说一半留一半，不敢挑起孟子的表达欲。孟子十分败兴，谈论就在这种躲躲闪闪中进入尾声。

但没过几天，孟子居然主动找齐宣王谈论。

本来，孟子暂时没有和齐宣王谈论的话题，但那天他见到庄暴后，便又产生了游说齐宣王的欲望。

庄暴是齐宣王的近臣，有一天，齐宣王一副百感交集的样子，对他说："我真是太喜欢音乐了！"

庄暴恭顺地看着齐宣王，却一言不发。齐宣王长叹一声，似乎他刚刚对牛弹琴了一番，转而独自一人陶醉在音乐的海洋中，不再说话。

齐宣王明白，庄暴不说话，不是他不想说，而是他不懂音乐，不知和齐宣王说什么才好。庄暴也知道，齐宣王那一刻很失望，为了不再让齐宣王失望，他决定向专业人士请教。

孟子就是庄暴眼中的专业人士。但孟子擅长的是雅乐，而齐宣王喜爱的是俗乐。孟子和齐宣王的区别，就像音乐学院教授和明星学院导师，金铁霖之于周杰伦，孰高孰低且不论，但显然不是一个风格。

庄暴可能拜错了师父。那天，他问孟子："大王跟我说他喜欢音乐，可惜，我不懂音乐，没有和他交流。"说罢忙问："喜欢音乐，到底好不好？"

孟子说："很好，大王若是真正喜欢音乐，齐国就有希望了。"

回答完这个问题，庄暴再向孟子请教时，他就有点儿漫不经心。

孟子只顾想自己的事情去了。

他恍然大悟，以前和齐宣王交谈，他所引用的话题，齐宣王未必感兴趣，所以失败。既然齐宣王喜欢音乐，为何不借音乐劝说齐宣王行仁政呢？以音乐为话题开篇，肯定能吸引齐宣王，或许能让他有所采纳。

但孟子始料未及，他刚谈到这个话题，齐宣王就泼给他一盆冷水。

几天后，孟子拜见齐宣王，一见面就问他："庄暴跟我说过，您非常喜欢音乐，是这样吗？"

齐宣王勃然作色，脸唰的一下就黑了。

过了一会儿，齐宣王才讪讪地说："先生喜欢的是雅乐，我喜欢的是流行音乐，咱俩恐怕不是一条道上的。"

孟子说："不管雅乐俗乐，都是音乐，只要大王真正喜欢音乐，齐国就有希望了。"

齐宣王"不争气"地问："这又是为何？先生能否指点一下？"说完，他恨不得抽自己两个大嘴巴子。

孟子却反问道："一个人单独欣赏音乐快乐，还是与别人一同欣赏更快乐？（独乐乐，与人乐乐，孰乐？）"

齐宣王说："与别人一起更快乐。"

孟子又问："少数人欣赏音乐快乐，还是一群人欣赏更快乐？（与少乐乐，与众乐乐，孰乐？）"

齐宣王说："一群人。"

孟子乘机说："大王既然明白这个道理，为何不与民同乐呢？"

又说："当大王让人奏乐时，百姓听到了，却如同听到噪音，愁眉苦脸，心想'大王这么喜欢音乐，为何让我们过得如此悲剧？父子不能相见，亲人四处逃散？'为什么会出现这种情况？这就是不与民同乐的后果。"

"如果与民同乐呢？"

孟子说："如果大王与民同乐，让百姓过上幸福的生活，当大王让人奏乐时，百姓听到音乐，就会有心情欣赏音乐，喜笑颜开，和大王一样快乐，心想'咱大王身体一定很健康，否则怎会有心情奏乐呢'？"

说完，孟子诚恳地看着齐宣王，说："如果大王能够与民同乐，就足以使天下归附。"

齐宣王先是一副不以为然的表情，摇头晃脑，然后又一本正经地告诉孟子："欣赏音乐的快乐程度和一同欣赏的人数并不是成正比关系，如果人数太多，反而会让自己败兴。所以，与民同乐，是不可能的。"

孟子冷冷地看着齐宣王，他说得口干舌燥，齐宣王却没有任何采纳的诚意。这简直是不尊重他嘴巴的劳动成果。

孟子感到一股前所未有的耻辱，但孟子没有发怒，他心中的寒意足以浇灭他头顶的怒火，他仿佛嗅到了一丝绝望的气息。

此后，不仅齐宣王对孟子的印象有所改观，孟子对齐宣王的态度也渐渐转变。

接下来的很长一段时间里，齐宣王对孟子还是那样谦和，还是那样恭敬，还是那样周全备至，和魏惠王优待孟子一模一样。

但孟子对齐宣王的态度，却不像对待魏惠王那样平和，反而火药味十足，犹如训斥一个不成器的败家子。因为孟子已经领受过那种优待，他不想再领受第二次。那是一种物质上的重视与思想上的轻视，仿佛穿着绫罗绸缎置身于思想的樊笼中，又或者打扮得光鲜亮丽给人撑门面，让人产生一种被豢养的感觉。

孟子一身正气，特别厌恶这种感觉。他有时甚至怀疑，齐宣王是否将他当作弄臣一样优待？或许，齐宣王确实很尊重自己的学识，尊重自己的人格，但他一定不尊重自己的思想成果，齐宣王一定轻视自己的政治主张。

事实一目了然，孟子每想到这里，就对齐宣王越来越不满，他的优待在孟子眼中就不再是优待，而是虚情假意沽名钓誉。孟子因而对齐宣王的态度越来越差。

有一次，齐宣王问孟子："商汤流放夏桀，武王讨伐纣王，有这回事吗？"

孟子开始还很平静，说："书上确实记载过。"

齐宣王忙问："桀纣再怎么不是，也是君主，商汤和武王以臣弑君，这样真的好吗？"

孟子的情绪顿时像炸雷一样，厉声道："怎么不好！破坏仁的人叫贼，破坏义的人叫残，残贼之人叫一夫。我只听说武王杀了一夫，没听说他杀了君主！（闻诛一夫纣矣，未闻弑君也！）"

齐宣王满脸怒红，尴尬地怔在那里。他知道孟子的言外之意，如果他田辟疆也是残贼之人，那么也是一夫，齐国人人得而诛之。

按今天吃瓜群众对封建帝王的理解，孟子如此冒犯齐宣王，公然鼓吹弑君思想，其心可诛，这是典型的反贼啊！齐宣王难道没有严惩孟子？事实出人意料，齐宣王居然忍气吞声，心里暴打了孟子无数次，但始终没有付诸行动。

战国时期社会风气相对宽容，而孟子又是名扬天下的大学者，倘若齐宣王因言治孟子的罪，稷下学宫的名士将视齐宣王如仇寇，列国君主为收买人心，也必然会装模作样痛斥齐宣王残暴，齐宣王将沦为千夫所指的暴君，在史书上留下臭名昭著的一笔。

但齐宣王不追究孟子，也不仅因他害怕留下恶名，还因他本身的宽厚。这是一种由衷而发的大度，不是受环境直接影响所致，是一种自信与勇敢的表现。他不相信知识分子的嘴能让一个强盛稳固的政权轰然倒塌，即使有政权因此灭亡，也是因它本身腐烂透顶摇摇欲坠，知识分子才会将它推倒，或者说务实的百姓才会出于趋利避害的本能协助知识分子将它推倒。总之，知识分子只能加速腐败政权的灭亡，而不可能毁灭一个人心所向的强盛政权。

齐宣王认为他是当时的明君，齐国是清明、包容、富饶、强大的诸侯国，所以他自信横溢，不必疑神疑鬼，能够宽容对待知识分子。因为齐宣王的宽容，孟子也不免"得寸进尺"，接二连三地暗讽齐宣王，而且越来越露骨，越来越尖锐。

有一天，孟子突然问齐宣王："如果您的臣子去楚国前，把妻子托给朋友照顾，结果他回国时，发现妻子忍饥挨饿。这样的朋友，该怎么对待？"

齐宣王毫不犹豫地说："这也算朋友？绝交！"

孟子乘机又问："如果您的官员不能管理下级，又该如何？"

齐宣王又毫不犹豫地说："这也算官员？撤掉！"

孟子大笑一声，说："如果国君不能治理国家，又当如何？"

孟子的言外之意再明显不过，如果国君不能治理国家，就应该将他废掉。但齐宣王岂能如此回答孟子？由此留下一个成语——顾左右而言他。齐宣王非常尴尬，回过头来左右张望，不敢直视孟子，狼狈地扯开话题。

居然鼓吹废黜君主，这样尖锐的言论，在后世简直不可想象。

但这还不是孟子言论最尖锐的一次。

有一次，齐宣王向孟子询问"卿"的职责。卿是古代高级官位，在旁人看来，这是地位显赫的象征。孟子却另有高见，他反问齐宣王："大王所问，是哪一种卿？"

卿难道还有不同种类？齐宣王很好奇："卿难道还有不一样吗？"

孟子说："当然不一样，有与王室同宗的贵戚之卿，也有异姓之卿。"

齐宣王说："那我就问贵戚之卿吧。"

孟子突然严肃起来，让齐宣王心里打鼓。他沉思了一会儿，庄重地说："作为贵戚之卿，君王有过错，就加以劝阻。如果君王冥顽不灵，那么就将他废黜，改立新君。"

现场突然呈现一种死气沉沉的宁静，齐宣王脸色像死人一样惨白，他紧握拳头，喘着粗气，像诈尸一样恐怖。孟子却神色不变，以人情味十足的语气打破这种令人窒息的宁静，说："大王别这样，您问我问题，我不敢不如实相告。"

齐宣王长舒一口气，脸色渐渐红润，又问："异姓之卿呢？"

孟子说："君主有过错，也要加以劝阻。如果君主冥顽不灵，就离职而去。"

孟子认为异姓之卿参与君主废立不合礼制。但他鼓吹贵戚之卿废立昏君，岂非煽动宗室子弟作乱？岂非妖言惑众扰乱人心？在朱元璋看来，孟子就是这么一位思想反动的知识分子，当他看到孟子尖锐的言论后，他想杀了孟子"使此老在今日，宁得免耶"？

但这也不是孟子言论最尖锐的一次。

又有一次，孟子居然高傲地对齐宣王说："君之视臣如手足，则臣视君如腹心；君之视臣如犬马，则臣视君如国人；君之视臣如土芥，则臣视君如寇雠。"

这段话真是振聋发聩，傲气凌云，光照古今！有人将儒家讽刺为"奴"家，认为孔孟鼓吹对君主愚忠，要求士大夫给君主当奴才。而这段话，是对这种误解淋漓尽致地反击，荡气回肠，让人肃然起敬。

在孟子看来，君主与大臣是合作关系，最次也是上下级关系，君主与大臣之间必须相互尊重。大臣也有尊严，如果君主不尊重大臣，大臣自然不必尊重君主。君主不仁，就别怪大臣不义。

作为这段话的直接当事人，齐宣王居然无动于衷，他对孟子这种尖锐的言论早已见怪不怪，并不觉得他多么冒犯自己。

然而，一千多年后的朱元璋，在纸上看到这段闪闪发光的文字时，脸上却阴云密布，像猛兽一样张开血盆大口狂躁地撕咬咆哮，破口大骂，居然冒古今天下之大不韪，怒吼着要将孟子的牌位赶出孔庙。

齐宣王非但不计较孟子的"冒犯"，反而谦虚地向他咨询："按照礼制，大臣虽然离职，但君主如果去世，还可能为他服孝。请问先生，君主如何对待大臣，大臣才会离职后也为他服孝？"

孟子说："如果君主听从大臣的建议，施恩惠于百姓，大臣因故离职，君主也照顾他的生活，三年之内不收回大臣的土地房产，那么，君主死后，大臣就会为他服孝。反之，君主对大臣言不听计不从，还想方设法为难大臣，这样的君主就是大臣仇人，他死后大臣又岂会为他服孝？"

齐宣王认可地点了点头。他想，尊重和厚待大臣，自己完全可以做到；朝中大臣大多是事功派，听从大臣的善言，他也基本可以做到。如此看来……想到这里，他不禁露出一丝欣慰的微笑。

本来，因言不听计不从，孟子已对齐宣王非常失望，但他见自己三番两次"顶撞"齐宣王，齐宣王仍然对他恭敬如初，又渐渐恢复了对齐宣王的好感。

事后孟子设身处地想了很久，他那些讽刺的言论足够尖锐，搁谁身上都难以接受，何况堂堂诸侯王。齐宣王却能一笑了之，其心胸不输圣贤，确实让人钦佩。孟子不知道自己还能否说服齐宣王推行行政，但他对齐宣王的不满早已一扫而空，不管能否成功，这样的君主都值得自己继续努力。

因齐宣王对泛泛而谈的仁政不感兴趣，孟子也调整了游说战术。有一次，他谈到了一个齐宣王颇感兴趣的问题——人才的选拔。

齐宣王确实很重视人才的选拔，但孟子给出的答案，却让齐宣王不太满意。

孟子对齐宣王说："所谓故国，不是因为那国有高大的树木，而是有世代建功的老臣。可遗憾的是，大臣却没有亲近的大臣，因为以前您重视的大臣，现在都被您罢免了。"

齐宣王深有同感地点点头，忙问："先生能否告诉我，如何选拔人才？"

孟子给出的方式似乎很民主，但在齐宣王看来，却很烦琐、劳心费神，且没有必要。孟子说："如果大王要超级提拔某人，左右称赞他贤能，别听；大臣们称赞他贤能，也别听。只有国人都称赞那人，大王才可以考察他。若确实如国人所说，便加以重用。"

齐宣王像大人感叹小孩天真一样，友好地笑笑，有点儿漫不经心地听孟子继续侃侃而谈。

"同样的，如果大王想处罚某人，身边人或大臣们说该罚，别听。如果国人都说该罚，大王就考察那人，若如国人所说，便惩罚他。"

孟子说完，齐宣王又只是笑笑，不置可否。

民主是少数服从多数，而不是追求一致，齐宣王不懂民主，但他明白，不论多么出色的人或观点，都不可能让所有人都认可。

孟子见齐宣王还是那么"刚愎自用"，又不禁怒气横生。

他曾对齐宣王说过，一块璞玉，一定要请高明的工匠雕琢，才能焕发其光彩。然而在治理国家上，有一些君主，却强迫臣下听从自己（姑舍女所学而从我），不让臣下发挥专长，这与强迫工匠按自己的方法雕琢璞玉有何区别？

孟子认为，齐宣王就是那类自以为是、外行指导内行的君主。在治国上，他不推崇自己的仁政，却关公面前耍大刀，鼓吹那套祸国殃民的霸道，就如同门外汉君主指导高明的工匠雕琢璞玉。

齐宣王明知孟子在暗讽他，但他还是和往常一样，装聋作哑，敷衍了之。

爱之深责之切，列国诸侯中，孟子对齐宣王的讽刺最多，言论也最尖锐。但齐宣王之所以宽容以待，除了尊重孟子和担心留下恶名外，还因孟子有一种"大勇"，让齐宣王既敬且畏。

虽千万人，吾往矣

孟子的大勇，用一句话来形容便是："虽千万人，吾往矣。"

若正义在我，纵然千军万马阻挡，我也义无反顾勇往直前，这是一种多么无所畏惧的高傲与悲壮。

但发明这句话的人，却不是孟子，而是孔子。

让这句话传播开来的，却又不是孔子，而是曾子。

让这句话成为传唱千古的名言的人，却既不是发明者孔子，也不是传播者曾子，而正是信奉者孟子。

孟子入齐之初，公孙丑问过他一个问题——如果孟老师在齐国掌权，能够重现管仲的功绩？回答问题时，公孙丑和孟子产生分歧，公孙丑的质疑非常犀利，孟子绞尽了脑汁辩驳，才让公孙丑哑口不言。

但公孙丑是否被孟子说服，当此之时，不得而知。事实上，公孙丑不说心服，至少已经口服。何以见得？

原来此后不久，公孙丑向孟子请教某个问题时，重提了那件事。那天，公孙丑以奉承的口气说："老师如果在齐国掌权，小则成就霸业，大则一统天下，这是很正常的。"

之前他很疑惑，如今却认为孟子即使助齐国一统天下也不足为奇。

孟子欣慰地点点头。但公孙丑不是向孟子请教治国的问题，他紧接着问："如此，老师动心吗？"

孟子毕生的心愿，就是推行仁政，实现王道，倘若他真能在齐国行仁政，统一天下，岂能不动心？但著名语言学家杨伯峻先生认为，此动心非彼动心，而是指孟子是否有所恐惧或疑惑而动心。

可是，孟子若能在齐国掌权，为何要恐惧或疑惑呢？孟子的后裔孟祥才先生认为，这是指对理想信念的犹豫不决。

公孙丑为何询问孟子是否对理想信念犹豫不决呢？小子我认为，这是理想与利益的抉择，当孟子没有掌权时，他自然是个纯粹的理想派；但一旦孟子掌权，势必充满着功名利禄各种各样的诱惑，他是否还能不忘初心坚持理想呢？

孟子平静地说："不会，我四十岁开始就不再动心。"

公孙丑不禁咋舌："看来老师比孟贲强多了！"

孟贲是卫国武士，神勇无敌，而孟子是大知识分子，公孙丑却将孟子与孟贲相提并论，还说孟子远在孟贲之上，这是何意？

孟子明白公孙丑的意思，他笑道："这算什么，告子比我更牛，他四十岁前就已不动心。"

公孙丑非常羡慕这种过人的心理素质，忙问："老师能否告诉弟子，如何才能让自己不动心？"

孟子说："若需不动心，先培养勇气。我向你推荐两个人，一个是北宫黝，另一个是孟施舍，他们培养勇气的方法值得参考。"

公孙丑不觉延颈。孟子看了他一眼，说："北宫黝培养勇气，肌肤被刺，或眼睛被戳，他纹丝不动，眼睛都不眨一下。他性格刚烈，受不得丝毫委屈，不论对方是底层百姓，还是王侯贵族，只要冒犯了他，他一定反击。北宫黝最让人钦佩之处在于，他把刺杀大国君主视同刺杀卑贱之人。"

"孟施舍又是如何培养勇气的呢？"公孙丑惊叹于北宫黝

的高傲，更好奇孟施舍是何等超凡脱俗的人物。

孟子说："孟施舍面对敌人，不论对方是强是弱，他都像对待弱者一样，毫不畏惧。孟施舍就像一个逢敌必亮剑的高傲剑客，即使他明知不能战胜敌人，也会一往无前。"

"所以，孟施舍培养勇气，只是保持一股无所畏惧的精神。他培养勇气像曾子，北宫黝像子夏，谁优谁劣，不得而知，但孟施舍的显然更容易学习。"

"但是……"孟子倏然提高声调，公孙丑明白，孟老师将要发表更精辟的言论，"仔细分析，孟施舍培养勇气，还是不如曾子。"

"曾子是如何培养勇气的？"公孙丑实在想不出，还有比孟施舍更简单粗暴的办法。

孟子说："曾子在孔子门下学习时，听夫子讲解过大勇：反躬自问，若正义不在我，即使对方是普通百姓，那我就不害怕吗？若正义在我，纵然千人万人，也勇往直前（自反而不缩，虽褐宽博，吾不惴焉；自反而缩，虽千万人，吾往矣）。"

"曾子培养勇气，不像孟施舍那么只凭无畏精神，还会根据是非曲直判断，所以孟施舍的方法不如曾子的。"

公孙丑咀嚼了半天，突然想到一个细致入微的问题，忙问："老师的不动心和告子的不同心有区别吗？"

孟子说："我认为思想决定意气，但告子显然不这么认为。他曾说过，与人辩论，若不能从言语上获胜，就不必求助于思想。可见，告子认为，思想无助于言语上的胜利。其实，思想是意气的主帅，思想如何，在意气上体现出来。思想之于言语，也是如此。所以老师还认为，一个人必须坚定思想，但不能滥用意气。"

公孙丑脑子里云山雾绕，捋了很久，他发现一个矛盾之处："老师认为，思想是意气的主帅，思想决定意气，但老师又认为，不要滥用意气。这不对啊，既然思想能决定意气，坚定思想便是，就谈不上什么滥用意气了吧？"

孟子说："思想确实能决定意气，但意气专注于某一方面，也能影响思想，两者是相互作用的。比如奔跑，这是意气专注于身体的震动，但这种震动持续太久，也即你长时间奔跑，会不会影响你的思想，造成心的浮动呢？也会的。"

正当孟子还想打比喻，说得更贴切直白时，公孙丑忙说："老师说得够详细了，请容学生想想，消化消化。"

公孙丑想了半天，孟子不知他有没有想清楚，但公孙丑又想到了一个问题，一个似乎与原话题无关的问题。

浩然正气

公孙丑突然一个急转弯，让孟子有点儿猝不及防。他老人家本来在问不动心的问题，孟子对这个话题还意犹未尽，他自己当时也正在回味孟老师的解答。

没有任何征兆，他突然如鬼使神差，问孟子："老师擅长哪方面？"

"什么擅长哪方面？"孟子被突如其来的发问问得一脸懵。"管他呢，照实回答，"他想，于是说："我擅长分析言论和培养浩然正气。"

分析言论这个特长太大众，公孙丑对浩然正气更感兴趣。因为他根本不知道什么是浩然正气。

到底什么是浩然正气？如果你问孔子，孔子也不知道；文王更不知道；越往前越不可能有人知道。因为这是孟子创造的一个新名词。儒家崇古，孟子更是信而好古的专家，但这并不意味着孟子在思想上没有创新精神。

孟子口中的浩然正气，简而言之，是一种最伟大、最刚强的气。

显然，孟子如此向公孙丑解释，公孙丑听得一脸茫然。孟子深深呼出一口气，说："这个东西，不太好解释啊！"

"你不妨这样去理解。"过了一会儿，孟子仰望天空，以手指心说："这种气，需要用正直培养，一点不加伤害，它就能充满天地，无所不在。这种气，还需用义和道配合，如果缺乏，就没有力量。也就是说，当你培养这种气时，如果做了一件有愧于心的事，这种气就会疲软。（其为气也，至大至刚，以直养而无害，则塞于天地之间。其为气也，配义与道，无是，馁也。）"

公孙丑若有所得地点点头。孟子想了片刻，又说："但你切记，这种气由正义日积月累形成，而不是偶然的正义行为所得。"

打个比方，如果把浩然正气比作好身材，将积累正义培养浩然正气比作健身，那么，只有坚持不懈地健身才可能拥有好身材。如果持续一段时间不健身，反而暴饮暴食（做有愧于心的事），身材就会迅速反弹（浩然正气就会疲软）。

孟子认为，浩然正气是正义自然衍生的一种气，培养浩然正气也应该顺其自然。所以，他又告诉公孙丑："培养浩然正气，一刻也不能遗忘，但不应该怀着特定的目的，也不能违背规律强行助长。"

为了便于公孙丑理解，孟子给他说了一个故事，这个故事如今妇孺皆知。

宋国有个农民，嫌禾苗长得慢，担心它生长停滞。于是，他决定把禾苗拔高，帮助它成长。他因此累得精疲力尽，回到家后，却得意洋洋地告诉家人："看我多聪明，帮助禾苗长高了！"他儿子很好奇，跑到田里一看，发现禾苗都枯槁了。

这就是揠苗助长的典故。孟子借这个故事告诉公孙丑："如果不顺其自然，强行助长，以这种方式培养浩然正气，非但没有益处，反而会损害它。"

孟子培养浩然正气的方式，可以类比到今天的许多事情上。比如做慈善，就应该像培养浩然正气那样，由正义仁慈之心驱动，而不应怀有与之无关的特定的目的，否则难免步入歧途，伤害人们的善心。

孟子培养浩然正气的心态，用今天一句流行的话来说，就是"不能为培养浩然正气而培养浩然正气"。一旦产生一种"为什么而什么"的态度，就不能保持顺其自然的平常心，就会陷入偏执，同样也可能步入歧途。比如"为正义而正义"出来的正义，极可能是表演给人看的正义，而不是真正的正义。所谓的伪君子，正是"为君子而君子"的人。这是强行助长徒有其表的君子，而不是"修养积累到一定境界"自然形成的君子。

这种顺其自然的心态，是坚守本心，顺从良知。保持这种心态，就不会矫情自饰，弄虚作假。孟子死后二百多年，西汉有位大名鼎鼎的儒生王莽，正因为没有保持顺其自然的心态，其修养明明没有达到圣人的境界，却"为圣贤而圣贤"，于是矫情自饰装圣贤，最终成为"伪圣贤"，身败名裂。

孟子死后一千五百年，南宋有位名叫文天祥的儒生，便"保持了这种顺其自然的心态，以正直培养，以义和道配合，时刻不忘，坚持不懈，日积月累"，于是他培养出了"至大至刚"真正的浩然正气。当国家危难之际，他义无反顾地毁家纾难，即使身陷绝境，也凛然无畏。因为他反躬自问，正义在我，所以"虽千万人，吾往矣"。

他在极端恶劣的牢狱中，仍然初心不改，写下脍炙人口传唱千古的《正气歌》。其诗中写道："是气所磅礴，凛烈万古存。当其贯日月，生死安足论。地维赖以立，天柱赖以尊。三纲实系命，道义为之根。"这无疑是对浩然正气最好的注解。

公孙丑听得如饮醇醪，如痴如醉。孟子向他解释完后，过了好一阵，公孙丑仍觉得余味无穷。因为浩然正气与之前谈论的话题不同，它是个新事物，且博大精深，公孙丑对它的好奇心很难满足。

陶醉在浩然正气的话题中，公孙丑差点儿忘了，他还有许多问题亟待孟子解答。

我不是圣人

公孙丑虽然对擅于言论分析这个特长不是很感兴趣，但孟子既然提到，他也不妨问一问。

孟子告诉他："诐辞他知道其片面所在，淫辞他知道其过失所在，邪辞他知道其离经叛道所在，遁词他知道其理屈所在。"

诐辞、淫辞、邪辞和遁词分别是指：偏颇的言论、过分的言论、悖逆的言论和躲闪的言论。孟子补充说道："这四种言论，从思想中产生，必然在政治上产生危害。倘若将其付诸实践，必将危害国家。"

公孙丑有点儿心不在焉，却突然感叹道："老师真不是凡人！"

孟子一愣，他感觉有点儿莫名其妙："为何无缘无故发出这种感想？"

其实这并非无缘无故，孟子正滔滔不绝时，公孙丑突然想到，孟老师既能不动心，又胸怀浩然正气，还如此擅长分析言论，辨别真伪善恶，可谓一位道德与才华并存、智慧与修养兼备的大贤人。孟老师的形象陡然更加高大，公孙丑说："宰我和子贡擅长说话，闵子和颜回擅长阐述道德，孔子兼有两长。但是，孔子也说过他对于辞令，还不太擅长。而老师不仅擅长这些，还擅于培养浩然正气，可见老师……"

说到这儿，公孙丑突然卡碟了。他清了清嗓子，换了一种表达方式："既然孔子是圣人，那么，老师也应该也算圣人吧？"

孟子的脸色风云变幻，公孙丑根本分不清孟老师到底是高兴还是生气。但孟子的语气告诉他，孟老师有点儿受宠若惊，又略带一丝自信与自愧的矛盾心情。他谦虚地说："哎呀，你说的这是什么话！"

公孙丑明白，孟老师那是真谦虚。以前子贡问孔子："老师是圣人了吧？"孔子说："我不是圣人，我只是好学不厌，诲人不倦。"你看，连孔子都不敢自居圣人，孟子怎么可能自称圣人呢（夫圣，孔子不居，是何言也）？

孟子不认为自己是圣人，但是，他认为孔子是圣人。因为回答公孙丑时，他特意提到了这样一句寓意深刻的话："当孔子推脱圣人头衔时，子贡忙说好学不厌是智，诲人不倦是仁，夫子既智慧又仁义，这就是圣人！"

孔子是圣人在儒生眼中是毋庸置疑的真理，公孙丑对这件事没有多大兴趣，他好奇的是孟老师眼中的自己是什么人。他说："我听人说过，子夏、子游、子张都有孔子的部分优点，而冉牛、闵子、颜回则具体而微，不知老师是哪一种？"

公孙丑所谓的具体而微，是指颜回等人大体接近孔子，但没有孔子那么博大精深。比如孔子有哪些优点，颜回他们就有哪些优点，只是没有孔子那么出众。从某种意义上说，颜回等人就是孔子的高仿品。

能成为孔子的高仿品，在儒生眼中是件无比荣耀的事情，就犹如粉丝会因相貌和偶像相似感到荣幸一样。孟子是否也有这样的心理，公孙丑不能确定，但他更相信孟子也不能免俗，他很期待孟子的答案。

公孙丑没有料到，孟子根本不愿意回答这个问题。他冷冷地说："这个问题先不谈，你问别的吧！"

说这话时，孟子的语气略有失望。这很容易让人认为，他自认为远胜颜回等人，而公孙丑竟然拿他们和自己相提并论。又或者，他不屑于成为孔子的高仿品。如果是这样，原因又是什么呢？是孟子高傲狂妄，自认为不输孔子，还是他自我独立性很强，不想被贴上他人的标签？

公孙丑想不明白。既然孟老师不愿回答，他只好换个问题。他这时想到了伯夷和伊尹两位圣贤。伯夷是商末孤竹君之子，周武王灭商后，他如丧考妣，义不食周粟，饿死首阳山。伊尹是商朝开国名相，辅佐商汤统一天下。公孙丑很早就知道这两个人，但若说多么了解，却也未必，所以他不乏好奇心："伯夷和伊尹两人到底怎么样？"

孟子不愿意品评自己，但对评价他人非常有兴趣。他兴致高涨地说："这两人虽然都是贤人，但有所不同。伯夷是个理想主义者，没有遇到理想的君主，他绝不效命。天下太平才入仕，天下混乱则隐居。而伊尹是个务实主义者，不论天下太平黑暗、君主贤明昏庸，他都愿意入仕为官。"

说到这里，他意犹未尽，又格外提到孔子："孔子与伯夷伊尹又有不同：该做官就做官，该离职就离职，该继续干就继续干，该马上离开就马上离开。"

到底怎样才"该"？孟子没有解释，只是说："如果在这三人中选择一人学习，我更愿意向孔子学习。"

这让公孙丑突然想到孟子没有回答的那个问题。但是，他的思绪又迅速转移，因为他有个更大的困惑摆在眼前。多年以来，他印象中伯夷、伊尹和孔子是同类人，这种认识根深蒂固，孟子的观点显然让他大感意外。他忙问："伯夷、伊尹和孔子，他们不是不相伯仲吗？"

孟子郑重地说："不，自有人类以来，就没人超过孔子（自有生民以来，未有孔子也）！"

这句话足够骇人听闻。没人知道公孙丑听到这句话后的反应如何，他也许点头认可，也许无比震惊。我们所知的是，他固执地问了一个问题："这三位圣人，难道就没有相同之处吗？"

孟子告诉他："这倒是有。如果让他们做君主，都可以凭借纵横百里之地一统天下。如果他们行不义之事，就可以得到天下，比如杀一个无辜的人，那么，他们都宁愿放弃天下，也不愿违背道义。"

公孙丑旧调重弹："他们的不同之处又到底在哪儿？"

"宰我、子贡和有若，他们的聪明才智，足以了解圣人。即便他们有什么缺陷，也不至于偏袒他们喜欢的人。"孟子这话，看似夸奖宰我等人，但事实上，他不愧是老谋深算的辩手，夸宰我等人是为抬高孔子。

宰我说："我的孔老师，即使尧舜也不能与他相提并论。"

子贡说："即使百代以后，任何一位君主，若想治理国家，都不能违背孔子之道。自人类诞生以来，就没有人比得上孔老师。"

有若说："子贡说得对，没有人比得上孔老师。孔老师和普通人相比，如同凤凰之比飞鸟、泰山之比土堆、汪洋之比小溪，虽是同类，但有天壤之别。"

孔子的学徒将对他的个人崇拜简直发扬得无以复加。但孟子可能想不到，即使无以复加，竟还有后人语不惊人死不休："天不生仲尼，万古如长夜！"

最近比较烦

唐代著名诗人高适高老师在送别好友著名音乐家董庭兰董老师时，恰逢天气异常，白昼如昏，漫天飞雪，两位挚友依依不舍，想到短暂一别过后，再度重逢又不知何年何月，不禁黯然神伤。高老师于是安慰董老师："莫愁前路无知己，天下谁人不识君。"

公元前317年，这一年孟子56岁，有一段时间，孟老师的心情与一千年后高老师的极其相似。但孟老师比高老师更悲伤，情绪更加低落，因为高老师只是告别知音，而孟老师却是永别知音。

孟老师的心情，借用高老师的诗句是："天下谁人不识君，却愁前路无知己。"

孟老师这一生，名扬天下，弟子如林，但孟老师还是感到非常遗憾，纵横列国几十年，除了弟子，几乎从未遇到知音。

他游学齐国，齐威王轻视他；游学宋国，宋君偃敷衍他；游学鲁国，鲁平公根本不见他；游学魏国，魏惠王认为他天真；重返齐国，本以为齐宣王慧眼识珠，却不料他和魏惠王半斤八两。

从某种意义上说，孟老师这一生都在失败，几乎没有一个国君成为他的知音，更没有一个国君愿意重用他。

只有一人是个例外。他就是滕国国君滕文公姬宏。孟子情绪的低落，正在于姬宏。因为这一年，滕文公姬宏去世。

姬宏一死，天下列国纷纷，却再无一人是孟子的知音。

想到这里，孟子怎能不悲从中来，长歌当哭？

滕国国君去世，按礼齐国当派使者吊唁，齐宣王见孟子是滕文公生前的好友，于是让他以齐国客卿的身份前往滕国吊丧。与孟子同行的，还有齐国盖邑行政长官（盖大夫）王驩，他作为孟子的副使参加吊丧。

一路往返，孟子和王驩同吃同住，但除了应付式的客套，两人几乎聊不到一块儿，更没有谈论公事。

公孙丑也跟随孟子前往滕国吊丧，途中的情况他一清二楚。他知道，孟老师不愿意和王驩聊天，是因为滕文公的死让他情绪低落，他没有心情闲聊。但孟老师平素最喜欢与人谈论时政，如今与王驩朝夕相处，而王驩又是一方父母官，孟老师只言片语也不和他谈论，这实在过于反常。

甚至于，孟老师连吊丧之事也没有和王驩讨论，这就更反常。

公孙丑非常好奇。事后，按捺不住问孟子："到滕国吊丧期间，时间也不短，老师为何始终不和王大夫谈论公事？"

孟子这时已走出滕文公去世的阴影，但他还是非常不高兴。不高兴的是公孙丑的问题，他之所以不和王驩谈论公事，是因为他对王驩早有意见。他很早就认识王驩，在他眼中，王驩是个刚愎自用、独断专行的人。

"和这种人有什么好说的！"孟子烦躁地说："他既然喜欢独断专行，早就自作主张了，我还能怎样？"

孟子很无奈。无奈的背后，是齐宣王的不信任，吊丧的正使虽是孟子，但吊丧工作的实际负责人却是副使王驩，孟子就像傀儡一样被架空。所以王驩才会独断专行，不和孟子商量。

王驩连装模作样与他商量也没有，孟子感受到一股强烈的怠慢与轻视。事不凑巧，正当孟子感到气馁与愤恨时，一次更大的屈辱扑面而来。

如果说作为政府官员的王驩怠慢孟子，孟子还能够一忍了之，那么，此人的怠慢足以让孟子暴跳如雷。何况孟子当时处在极为敏感的时刻。

这个挑动孟子敏感神经的人，正是孟子的学生乐正克。乐正克正受鲁国重用，孟子以为他能够在鲁国当权，推行仁政，一度替他感到高兴。乐正克也曾邀请孟老师入鲁，可惜鲁平公受人挑拨，不愿意见孟子，孟子只好黯然离去。

孟子从滕国吊丧回齐，恰逢乐正克跟随王子敖访问齐国。乐正克还没有抵达齐国，孟子就已经得知这个消息。

时光荏苒，自鲁国一别，至今已有五年。乐正克在鲁国期间，虽然没有如孟子所愿，推行仁政，但他毕竟是孟子为数不多的、入仕为官的弟子，所以孟子难免对他另眼相待。

孟子非常期待和乐正克见面，在家里引颈盼望。

可是，乐正克却迟迟没有拜访他。孟子等到花儿都谢了，越等越失落，越失落越生气，越生气越赌气，以至产生一些抵触情绪。

就当孟子等得不耐烦，不想见乐正克的时候，乐正克却突然出现在孟子家中。孟子气鼓鼓地说："连你也来看望我？"

"啊？"听孟子的口气，乐正克以为孟子要和他断绝师徒关系，但这毫无征兆，毫无道理，自己又没辱没师门。乐正克一脸疑惑，抱怨地说："老师您这是什么意思？"

乐正克实在想不明白，自己好心好意看望孟老师，孟老师为何这般讽刺他？孟子没有理会乐正克，只是冷冷地问道："你来齐国几天了？"

乐正克说："昨天才来。"

孟子心往下一沉："怎么昨天才来？"冷静了一会儿，他嘴硬地说："昨天就来了，今天才来看我，我那样说有何不对？"

乐正克赔着笑脸，说："昨天没来看老师，是因为学生还没找到住所。"

孟子却像质问道："谁说必须先找好住所才能拜访长辈？"

乐正克心里很不痛快，但口头上还是向孟子屈服："老师，是我错了。"

孟子却不依不饶："你跟随王子敖来齐国，只是为了饮食利益。我真没想到，你学习古人之道，竟然是为了利益！"

乐正克像被无理取闹的父母刁难的孩子一样，进退不得，既不敢顶撞，也不想再解释。

一个"勺子"

最近，孟子的好朋友匡章和他说了一个故事。孟子听到后，一脸不屑。

匡章说，他认识一个叫陈仲子的人，这个人非常廉洁。有一年，他住在於陵，三天没吃东西，由于过度饥饿，导致双耳失聪，视觉模糊，奄奄一息。后来，他看到井上有李子，但可惜已经烂掉，被金龟子吃了大半。可陈仲子实在太饿，他已经饥不择食，艰难地爬过去，吃了三口，才渐渐恢复听觉和视觉。

听到这个故事，我想所有人都会很疑惑，还没听完就想问："陈仲子家里很穷吗，为何三天没有吃东西？"

事实上，陈仲子非但不穷，还很富有。孟子也认识陈仲子，他出身于齐国豪门大族，他的哥哥陈戴俸禄高达几万石，而且很愿意接济陈仲子。

那么，陈仲子为何三天没有吃东西呢？

当匡章说完这个故事后，孟子也给匡章说了一个故事，故事的主人翁也是陈仲子。

孟子说："有一年，陈仲子从於陵回到家里，恰在这时，有人给他哥哥送了一只鹅。陈仲子的母亲满脸笑嘻嘻，陈仲子却一脸不悦地说：'要这种呃呃叫的东西干什么！'"

过了一段时间，一次吃饭，陈仲子的食案上多了一道菜。陈仲子想也没想，大快朵颐起来，不一会儿，那道菜就被他风卷残云，一扫而尽。

这时，他的哥哥陈戴回来，笑着对陈仲子说："你干嘛吃它？"

陈仲子大吃一惊，原来，食案上多出的那道菜，正是当初客人送的那只鹅。母亲心疼他，牺牲了那只鹅，给他做了一道美食。陈戴说："你之前还说要这种呃呃叫的东西干什么，现在，你吃的就是呃呃叫的东西！"

"这不算，我不知道！"陈仲子连忙反驳。说完，他立刻跑出门，将中指深入喉中，把鹅肉呕出来。

通过这两个故事不难发现，陈仲子的所作所为，简直像一个"勺子（傻子）"。

匡章却非常欣赏陈仲子，他眉飞色舞地说："陈仲子这样廉洁的人，真是世所罕见，他认为花哥哥的钱不义，宁愿忍饥挨饿也不用。"

说这话时，匡章向孟子投来希望得到赞同的目光。孟子却反问道："陈仲子居住的房子，是像伯夷那样廉洁的人所建造，还是像盗跖那样的强盗建造？他吃的粮食，是伯夷那类人种植的，还是盗跖那类人种植的？"

匡章不以为然："这有什么关系！他的衣食住行，只要都是他自己劳动所得，不就行了吗？"

孟子却说："如果发扬陈仲子的所作所为，非得把人变成蚯蚓不可。只有蚯蚓才无求于人，什么人的东西都不吃，上食泥土，下饮泉水。而且，陈仲子自己也没做到这点，他不吃母亲的东西，却吃老婆的东西；不住哥哥的房子，却住在於陵。"

如果陈仲子追求这种极端的生活作风，不是勺子是什么？

可是，世人却将陈仲子视为高洁之人，孟子很不服气。他说："陈仲子这人，如果违背道义，将齐国送给他，他也不会接受。看起来似乎很有节操，但事实上，他抛弃君臣上下尊卑，这是舍大义求小义，有什么好吹捧的！"

陈仲子的所作所为，或许有隐居避世的心理，但只要他和他的家人乐意，也无可厚非。

匡章觉得，孟子实在有些钻牛角尖。陈仲子只是不想用他所谓的不义之财，孟子却非得拿伯夷和盗跖打比喻。

但匡章恐怕不明白，孟子为何要对陈仲子钻牛角尖。

说白了，这是双方思想观念的冲突所致。陈仲子的思想可能和农家有点儿接近，也反对不耕而食，或者他更主张自耕自食，所以他不愿意哥哥接济他。而孟子反对自耕自食的观点，他认为"劳心者治人，劳力者治于人"是社会常情，不（体力）劳而获并不可耻。这也就意味着，他自己虽然不从事体力劳动，游学寄食诸侯，但无可厚非。

然而，匡章却在孟子面前夸赞自耕自食的陈仲子是廉士，在敏感的孟子看来，这岂非说明他不是廉士？岂非说明他好逸恶劳白吃白喝？所以，他必须批判陈仲子，甚至不惜钻牛角尖。

只有将陈仲子打倒，才能证明自己的正确。

从庸俗的角度揣测，孟子批判陈仲子，是为自己的不耕而食遮羞；从高尚的角度揣测，孟子批判陈仲子，是批判他行为背后的"异端思想"。

即使是后者，孟子也完全没有必要如此。这个世界应该充满包容性，在法律道德允许的前提下，尽可能地包容各种各样的思想，就好比维护生态系统的多样性，有利无弊。如果一个国家的文化思想千篇一律，就必然缺乏交流与竞争，画地为牢，难以进步，更难以诞生伟大的思想。

可令人遗憾的是，从孟子对陈仲子，以及对墨家、农家和纵横家等其他思想流派的批判来看，他是个非常缺乏思想包容性的人。

燕国有贤君，孟子为何不去？

　　孟子周游列国，从邹国出发，历经齐国、宋国、鲁国、魏国等国，郁郁不得志，又回到齐国，还是郁郁不得志。

　　纵观孟子的行程，给人一种环游世界之感，事实上，孟子不过在今山东、河南、山西等地转了一圈。祖国的大好山河，孟老师只游历了大概三十分之一。当然，在交通落后的战国时期，许多百姓连城也没出过，孟子能游历多国，已非常不易。

　　战国七雄中，孟子只游历了两个国家，一个是齐国，一个是魏国，剩下的赵韩秦楚燕都没有涉足。孟子不去楚国和秦国可以理解，因为秦楚是虎狼之国，又靠近蛮夷之地，受其风俗影响，一度被中原诸侯斥为蛮夷之国。

　　孟子以前没去过，以后也不打算去。

　　孟子不去赵韩两国，也可以理解，赵魏韩三国由晋国分裂，魏国没有推行仁政的诚意，窥一斑而知全豹，赵韩两国也可想而知。况且，孟子从魏国离开时，正值齐宣王积极招揽游士，他也无暇考虑赵韩两国。

　　但孟子为何不去燕国呢？即使在齐国郁郁不得志，他似乎也没有想过去燕国。

　　燕国不像秦楚，是虎狼蛮夷之国，燕国是华夏衣冠之国，国君是不折不扣的王室后裔，比齐国魏国都根红苗正。燕国的首任诸侯是燕召公姬奭，他是孟子的偶像周武王的亲弟弟。

　　难道是因为燕国太遥远吗？从孟子的家乡邹国到燕国的都

城蓟都，不过一千一百里，比到魏国国都安邑还近二三百里。况且，孟老师是个"虽千万人，吾往矣"的大丈夫，别说只有一千一百里，就是一万一千里，只要燕国值得游学，也必去无疑。

那么，难道是因为燕国不值得去吗？

连篡夺之国田齐都值得一去，而且还去过两次，生活了二十多年，至今仍在齐国，孟子可能排斥燕国吗？

或者，孟子嫌燕国国力弱？

燕国再弱，也是战国七雄之一，孟子连宋国、鲁国，甚至于滕国都去，难道还会嫌弃燕国国力不济？何况孟子说过，统一天下在德不在地，所以商汤七十里地王天下，而燕国纵横千里，孟子又怎么可能嫌弃？

可孟子终究没有去燕国，这到底是为什么呢？

按说，孟子应该去燕国，因为燕国比齐魏鲁宋等国对孟子更有吸引力。燕国有一个比齐宣王、魏惠王更贤明的君主。从某种意义上说，他甚至比滕文公还贤明，滕文公在孟子的鼓励下推行仁政，而这位国君与孟子素未谋面，也打算践行尧舜之道。

如果孟子去燕国，可能连游说的机会都省了，燕国国君就直接将他奉若贵宾，甚至像尧信任舜一样信任他。

燕国国君是位举世无双的贤君，法家代表人物韩非子曾经这样评价他，"若身以忧民，如此其甚也，虽古之所谓圣王明君者，其勤身而忧世，不甚于此矣"，大概意思是什么尧舜禹商汤，都没有他老人家忧国忧民。

他贵为国君，却心忧天下，是儒家思想的坚定追随者，为百姓着想，常常为百姓的大事小情，食不甘味，寝不安席。

他就是燕王哙，燕易王之子，一位仰慕尧舜之道的所谓贤君。

可是，他最后却成了一个惊天动地的笑话。

但是，这未必是孟子不去燕国的原因。因为在成为笑话前，他还是一个神话。

请允许我大胆地猜测，孟子不去燕国的一个重要原因，是因为有人近水楼台先得月。

去了，也白去。

那么，这位近水楼台先得月的人究竟是谁？

法尧禅舜的代价：子之之乱

这人孟子认识，孟子知道他不是个好东西。

他名叫子之，是燕国国相，在燕国掌权多年，独断专行，作威作福，还勾结外臣。

可是燕王哙很信任他，像尧信任舜一样信任他。孟子为燕王哙感到悲哀。

我也为燕王哙感到悲哀。想做圣贤，首先要成为一个明智的人。因为坏人最喜欢欺负好人，也最善于欺负好人，如果好人没有明辨是非的能力，就会被坏人利用，变成蠢人。

燕王哙就是一个蠢人。他干了一件蠢事。

有一天，他突发奇想，决定将王位传给子之。事实上，传位给子之是突发奇想，但传位于外人却是燕王哙长久以来的夙愿。他一直渴望自己能够上演一出效法尧禅舜心底无私天地宽的正能量大戏，像尧舜一样扬名千古。只不过，他恰好欣赏子之、信任子之，于是决定将子之当作他的舜。

在传位子之的偶然中，其实也有必然。

子之是个忠厚老实的人。如你所料，只是貌若忠厚，用来忽悠燕王哙。

子之是个团结同事的人。如你所料，只是面和心不合，也是用来忽悠燕王哙。

子之还是个能力非凡的人。这却是事实。如果没有金刚钻，怎能把燕王哙骗得团团转？子之不仅在处理朝政上能力不凡，甚至在忽悠燕王哙、打压异己上也是一把好手。

有一次，他刚离开朝堂，就像魔怔了一样，胡吹海侃："我刚才看到有东西从眼前奔腾而过，那家伙速度风驰电掣一样，我没看清，大概是一匹白马吧？"

有这回事吗？跟他一起下朝的官员左顾右盼，很多人都说："刚才什么也没发生，哪来的白马？"

子之啐了那些人一口，在心里的小笔记本上狠狠地记下他们的名字。

这时，有个人看到子之阴鸷的表情，忙说："刚才明明有匹白马跑过去。"

子之笑了，在另一个小笔记本上记上这人的名字。前面那个笔记本是黑名单，后面那个笔记本是白名单。赵高指鹿为马，子之更高明，直接用一件根本没有发生的事试探同事，既节省成本，又提高效率。

如此老奸巨猾的子之，天真烂漫的燕王哙怎么可能是他的对手？

有一次，燕王哙接见纵横家苏代。苏代当时正在为齐国效力，所以燕王哙很好奇："听说你们家齐王很贤明，照这样看来，齐国可以称霸吧？"

苏代是著名纵横家苏秦的哥哥，此人巧舌如簧，而且演技精湛。他面露惊讶的表情，说："什么，什么？齐国能称霸？我的天呐，齐国能活着，就得感谢天感谢地！"

燕王哙吓了一跳："齐国要亡？齐国都要亡，那么燕国怎么办？"

苏代长叹一声："齐王干了件蠢事，但是他还自我感觉良好。"

燕王哙感觉他话中有话。果不其然，苏代一副恨铁不成钢的样子，说："齐王虽然聪明，但不够信任臣下，总是疑神疑鬼的，弄得满朝文武噤若寒蝉，长此以往，齐国焉能不亡？"

"他怎么就不向齐桓公学习呢？"苏代又叹了口气，"当年齐桓公信任管仲，将国事全部委托给管仲处理，自己退居幕后，优哉游哉享受生活。既活得滋润，又得到霸主的美誉，这样多好啊！"

燕王哙越听越觉得苏代话中有话，他总觉得苏代这话是说给他听的，或者说他并没有意识到苏代的用意，但心有戚戚焉。他的脸色越来越红，过了一阵，他很不好意思地说："其实，我早就像齐桓公重用管仲一样重用相国子之了，只是大家不知道而已。"

这是真的吗？至少子之不这样认为。但子之笑了，苏代也笑了，笑得像猜中了五百万彩票似的，既高兴，又很有成就感。

第二天，燕王哙在上朝时宣布了一件惊天动地的大事，他决定正式退居二线，将朝廷大事全部委托子之处理。

子之知道，燕王哙入套了。原来，苏代早已被子之收买，那番话正是用来忽悠燕王哙的，可燕王哙偏偏就信。但这又不是因为他智商低，而是他早就需要一个麻痹自我的借口，鼓励自己行尧舜之事，苏代的话不过是投其所好。

但燕王哙还没有天真烂漫到不可救药。他在重用子之的同时，也在暗中培植另一股势力，企图以这股势力制衡子之集团。万一子之不靠谱，也无法一手遮天，他还可以凭借这股势力炒了他的鱿鱼。

这股势力的存在，让子之如芒在背，寝食难安。在燕国人心中，这股势力比子之集团更合法，只要它存在一天，子之就一天不能当燕国之主；如果他永远存在，等待子之的，不仅是永远不能当燕国之主，而且还要灭亡。

这股势力不可能坐视子之在燕国耀武扬威。因为它的领导者，正是燕王哙的太子姬平。这是一个血气方刚、敢作敢为的年轻人。但更重要的是，他对法尧善舜之事没有任何兴趣，他遵循的是子承父业的传统。

子之一个外人，有什么资格继承燕王之位？在太子平发出怒吼的质疑时，还有一群宗室子弟也在感同身受地附和。

燕国虽然名义上已是子之做主，但事实上，太子平分走了相当一部分权力，他掌握朝中三百石以上官员的任免。这项人事任免权，对太子平在朝中培植自己的势力极为有利。换言之，如果子之夺走太子平的人事任免权，就等于截断太子平扩充势力的源头，太子平集团就会变成无源之水，江河日下。

夺走太子平的人事任免权，对如今的子之来说，并不算一件难度很高的事情。

很快，退居二线的燕王哙就遇到了困惑。这个困惑不是他自找的，而是有人循循诱导，硬塞给他的。

给燕王哙带来困惑的人名叫潘寿。燕王哙认识此人，知他是燕国大臣，但很遗憾的是，燕王哙不知他的另一个身份。潘寿忧心忡忡地告诉燕王哙："我很为子之相国的将来担忧！"

燕王哙伸着懒腰，一脸疑惑："整个燕国都是子之说了算，我还打算把王位传给子之，你还替子之操心什么？"

潘寿严重地说："问题就出在这里，如果大王不传位给子之相国，相国还有活路，反而大王传位，相国生死难料。"

燕王哙不觉抻长了脖子："怎么会这样呢？"

潘寿说："大王难道忘了益的下场？"

益是舜的法定接班人，舜死后，益继承他的位置。但舜的儿子启不服气，取代益做了天下之主。潘寿借题发挥："舜这个人也是够心机的，既然决定传位给益，为何还要培养启？所以，天下人都说，舜名义上传位给益，但实际上又让启夺回了天下，舜根本没有禅让。"

燕王哙感觉被泼了一盆凉水，心里凉飕飕的。他感觉潘寿在指桑骂槐，表面上指责舜是个心机男，真正的矛头却在对准他。

不得不说，燕王哙的感觉很灵敏。但这在潘寿的意料之中，他其实是子之的说客。

燕王哙以前或许想过，如果能传位子之，获得禅让的美名，又让太子平夺回王位，这自然是再好不过的事情。但回首舜禅让的覆辙，燕王哙发现这是一条死路，舜已经在这条路上翻车，他没必要再翻一次。

事实上，燕王哙并没有公天下的政治觉悟，他只不过贪恋禅让的虚名罢了。所以他很困惑，如果他想获得禅让的美名，摆在他眼前的就只有一条路可走，放弃对太子平的培养，将朝政大权彻彻底底交给子之。但是，这样做存在极大的风险，而且燕王哙也有点儿不甘心。

但他转眼又想，都已经将君权授予子之，都已经决定传位子之，万里长征只差一步，难道就此放弃吗？这更不甘心。如果禅让成功，失去的只是一时权力，而赢得的却是万世美名，这样做并不吃亏。

燕王哙终于下定决心，下决心时，他根本没有重视太子平的感受。他下令收回太子平的人事任命权，将它授予子之，子之彻底掌控燕国。从此，子之南面称君，口含天宪，而燕王哙反而沦为臣属，更不必说太子平。

太子平既失落又愤怒，那一刻他简直对子之恨之入骨，几乎毫不犹豫就下定决心，伺机发起暴动，夺回本属于自己的王位。

燕王哙万万没想到，他选择的这条道路也是一条死路，而且是一条比"舜禅益"更可怕的死路。

燕王哙六年（公元前315年），这一年孟子58岁，可怕的悲剧终于如蓄积的山洪，一泻千里。因燕王哙禅让触犯各阶层利益，而子之又缺乏调和各方利益的手段，燕国终于引发一场漫长而猛烈的动乱。

太子平认为时机已到，他早已和将军市被摩拳擦掌，决定利用国人对燕王哙的不满情绪，发动政变，夺回王位。

战与不战

当燕国陷入内乱时，齐宣王正虎视眈眈。

毫无疑问，燕国内乱是齐国出兵燕国的绝佳时期，齐宣王可以打着替燕国平乱的旗号，道貌岸然、堂而皇之地让齐军开赴燕国。

孟子当时也正积极关注燕国局势的发展。齐宣王很好奇，朝廷上出兵燕国的呼声很高，孟老夫子如何看待？鉴于以往的教训，齐宣王不打算亲自询问孟子。因为凭他对孟子的了解，心里早有答案。

既然有答案，又何必多此一举。何况，齐宣王早已下定决心，不论孟子的观点如何，他都不会听从。当然，万一孟子的观点与他契合，自然另当别论。齐宣王这样做似乎很矛盾，他也不知道自己为何如此矛盾。

替齐宣王去孟子那儿询问的是沈同。临走前，齐宣王特意叮嘱沈同，不要让孟子发觉，就以个人名义询问便是。沈同以同事的身份拜访孟子，两人聊着聊着，不经意就聊到燕国内乱，聊到齐国出兵燕国的事。沈同乘机问："现在出兵燕国的呼声很高，依先生看，齐国可以讨伐燕国吗？"

沈同的心里也有一份答案，但当孟子说出自己的观点时，他还是颇感意外。孟子很反感诸侯间的征伐，但他告诉沈同："燕国可以讨伐。"

齐宣王原本只想以平乱的名义出兵，孟子的答案让他无比惊讶，也备受鼓舞，尽管他早已告诉自己，不要被孟子的观点影响。端坐在孟子对面的沈同很感兴趣："先生为何认为燕国可以讨伐？"

孟子说："燕国做了两件不合礼制的事情。"

沈同想了半天也只想到一件，只好继续向孟子请教。孟子说："第一件是燕王随意让国，第二件是子之接受王位。"

沈同心想，如果单纯地对禅让的事刨根问底，燕王让国和子之受禅都是你情我愿的事情，子之最大的错也只是在于他忽悠燕王，远没有孟子所说的那么严重。但孟子有他认为严重的理由，而这个理由在沈同看来，又未免有些牵强。

孟子说："打个比方，你很喜欢某人，不向齐王请示，就私自将自己的官爵让给他，这可以吗？而你喜欢的那人，也不向齐宣王请示，就私自接受你的官爵，这又可以吗？燕王让国和子之受让的事与这有何区别？"

这当然有区别，燕王哙就是王。

沈同将孟子的观点与牵强的理由转述给齐宣王。齐宣王只对孟子的观点感兴趣。连孟子都赞同出兵燕国，他就更加理直气壮。

但齐宣王还是决定暂不出兵。

他个人的理直气壮只是单方面的，这时候的齐宣王考虑问题很周到，他需要得到双方的认可。如果齐国出兵没有得到燕国人民的同意，事情一样很棘手，燕国会将齐军视作趁火打劫，拒之门外。而且，这时对燕国虎视眈眈的不只齐国，还有赵国、楚国和魏国等诸侯国，齐国不能落人话柄。

但好在得到燕国的认可，不是件难度系数很高的事。

太子平正在组织武装暴动，他虽然代表燕国民心，但毕竟不代表燕王哙，子之牢牢将燕王哙控制在手中，可以挟天子以令群臣。太子平讨伐子之的暴动，可以被子之曲解成太子平造燕王哙的反，那样太子平势必失去道义上的优势，陷入人心猜疑的尴尬境地。

但这还不是最要命的。最要命的是，太子平几年前就被燕王哙解除权力，这几年他虽然在暗中扩充集团实力，但远不如子之集团的发展速度。太子平集团的实力远不如子之集团。仅得人心而缺实力，也难以成事，因为人心有时是随风倾倒的。

齐宣王洞若观火，他非常清楚太子平目前最需要的，不是看不见摸不着的群众呼声，而是实实在在的军事力量。这时候，任何人向他伸出援助的橄榄枝，他都会毫不犹豫地答应，根本不会考虑对方的动机。一个即将饿死的人，绝不会考虑食物是否干净。

齐宣王于是派人联系太子平，鼓励他勇敢反抗，务必挺住。他说："子之无耻受禅，扰乱君臣之义，太子的所作所为，是符合正义的。既然符合正义，齐国就没理由不支持。请太子勇敢地奋斗吧，只要太子需要，齐国一定赴汤蹈火。"

太子平喜出望外，他没想到齐宣王如此理解他，如此支持他的工作。齐强燕弱，只要得到齐国的支持，推翻子之的非法政权就指日可待。他原本打算再筹备一段时间，考虑更周全后再起事，既然田老大都已发话，那还磨蹭什么？太子平于是召集党羽，声讨子之的罪过。太子平的党羽在他极富感染力的煽动下，无不义愤填膺。太子平见火候已到，果断下令，攻打燕国王宫，诛杀奸臣子之。

子之自受禅即位后，整天提心吊胆，他知道太子平不甘心失去王位，随时都可能起兵争夺。这种担惊受怕的心情，反而帮了他一个大忙，燕国王宫的守卫长期处于一级戒备，他在国内到处安插自己的眼线，太子平发兵攻打王宫，及时被子之子之吓出一身冷汗。但很快，他想到宫里还有燕王哙，又立马镇定下来。他一面从容不迫地部署兵力反击太子平，一面以燕王哙的名义下诏，指责太子平是个逆子、野心家、反革命分子，号召全体国民讨伐太子平。

燕国百姓不明就里，子之成功将矛头引向燕王哙，让百姓们误以为太子平是以子弑父，舆论迅速朝不利于太子平的一边倒。但太子平根本不害怕，他早就料到这样的情况，只要他攻下王宫诛杀子之，一切都会真相大白。

但接下来发生的事情，却在太子平的意料之外，让他手忙脚乱，有苦难言。

在子之的煽动下，太子平的党羽也开始动摇。太子平起兵时，跟他们说的是诛杀子之，没说对付燕王哙，但子之以燕王哙的名义污蔑太子平欺骗部下，说他为了实现自己的野心，把兄弟们往火坑里推。太子平的党羽感觉被利用，开始埋怨太子平，更不愿跟着太子平造反，太子平军军心渐渐瓦解，稀稀落落地开始有人放下武器。埋怨的情绪像传染病一样迅速在军中蔓延，投降的人越来越多。

太子平终于开始害怕，但他没有绝望。这时候，他突然想起一个人，这个人就是齐宣王。齐宣王说过，他非常支持太子平的工作，齐军早已厉兵秣马，只要太子平一声令下，就可以奔赴蓟都支援太子平。太子平感觉抓到了一根救命稻草，连忙派人联系齐宣王，希望齐宣王能信守承诺，即刻发兵助他讨伐子之。

齐宣王说他当然会信守承诺，他告诉太子平的使者："你赶快回去把我的话带给太子，请太子务必再坚持一会儿，齐军马上就到了。"

太子平的情况越来越恶劣，子之已占据军事和舆论的绝对优势，太子平不仅一败涂地，还臭名昭著。更可怕的是，这时燕国百姓也开始反攻他，而他几乎已经丧失还手之力。在这生死存亡千钧一发的时刻，齐宣王却让他继续努力，太子平有种不祥的预感——他有生之年再也见不到齐军了。

齐宣王在临淄王宫里手舞足蹈，眼前是一群跟着他弹冠相庆、笑得前仰后合的大臣。齐宣王恬不知耻地当着大臣们的面说："太子平啊太子平，别怪我不讲义气，要怪就怪你太天真。你的死期，就是我齐国出兵的日期。"

这样看来，齐国出兵的日期即将到来。太子平望穿秋水也没有等到齐军，子之站在道德的审判台上，号召全国发起对太子平的最后一击。太子平还来不及挑选一个体面的死法，就已经倒在了子之的政府军的乱刃之下。

太子平的死震惊天下！

子之也感到无比震惊。但子之的震惊，却不是太子平的死，而是太子平的死像在深不可测的燕国投下一颗深水炸弹，将以往人们看不到的东西炸得天女散花，尽收眼底。子之因而也出现信誉危机。

齐宣王说过，太子平的死期就是齐国出兵的日期，但太子平死后，他却又临死改变主意，还是决定暂不发兵。

燕国的动乱并没有因太子平的死迅速结束，反而有愈演愈烈之势。子之的谎言渐渐浮出水面，他已经成为燕国上下讨伐的新目标，燕国各利益集团不约而同卷入这场争权夺利的洪流中，燕王哙也无法控制局势，整个燕国一片混乱。

据《战国策》的编订者刘向老师说，"燕国构难数月，死者数万众，燕人恫怨，百姓离意"，燕国国将不国，百姓已经做好移民的准备。

作为燕国的友好邻邦，齐国能眼睁睁看着燕国在内耗中消亡吗？

齐宣王终于决定出兵。他打着吊民伐罪的旗号，以孟子的老友、名将匡章为统帅，率领齐国大军浩浩荡荡向燕国开赴。

此次军事行动，齐军虽是拯救燕国，但将士们一个个趾高气扬。如果穿梭于齐军队伍中，不难发现，有些将士居然还面露喜色，仿佛他们根本不是去打仗，也没有背负沉重的使命，而是到燕国去游玩，顺便创收创业。

看着齐军欢天喜地的阵容，孟子哀叹连连，失望的情绪溢于言表。这时，有个人突然问他："出兵燕国不是你的主意吗？怎么又这副表情。难道不是？"

孟子说："当然不是。"

那人说："我记得沈同说过，他就这事儿问过您，您亲口说燕国可以讨伐。"

孟子忙说："没错，这话我说过，燕国可以讨伐，但这并不代表讨伐燕国的应该是齐国。打个比方，一个杀人犯，该不该杀？该杀！但这不代表你可以杀他，处决杀人犯的，应该是治狱官。"

那人皱了下眉头，说："那您怎么不早说？"

孟子跳起来说："我哪知道齐王如此自作多情。齐国伐燕，等于一个同燕国一样残暴的国家讨伐燕国。"

那人又问："依您的意思，哪个国家可以讨伐燕国？"

孟子意味深长地凝视着天空，说："只有天吏可以讨伐。"

究竟谁是天吏？孟子没有说。在那人看来，就等于什么也没说。

占与不占

齐宣王怎么也坐不住。这不是他很焦急，而是他太高兴了，他忍不住又想手舞足蹈一番。非如此，不能发泄他前所未有的快乐。

齐国伐燕取得了空前的胜利。如齐宣王所料，燕国被内耗折腾得奄奄一息，在齐军面前完全不堪一击。但齐国伐燕期间，也发生了齐宣王意料之外的事，不过那对齐宣王来说，是意外的惊喜。

齐宣王无论如何也没想到，燕国人民把幌子当真了。他曾经说过，齐军出征是吊民伐罪，讨伐奸臣子之，解救水深火热的燕国人民，而不是趁火打劫。这种借口实在有些老掉牙，但燕国人民在动乱的泥沼中挣扎得太久太久，他们已经对无能的燕国绝望，只好寄希望于列国的干涉，死马当活马医。齐军一到，他们就自愿充当带路党，放弃抵抗，大开城门，迎接齐军入城。

是啊，反正都是一死，还不如给齐国一个机会。万一齐国是真心实意解救燕国呢？

匡章率领齐军长驱直入，几乎没遇到像样的抵抗，就占领了燕国大部分国土。仅仅一个月，齐军就攻破燕国都城；才50天时间，齐军就占领燕国全境。这简直是传檄而定。

匡章高傲地俯视他征服下满目疮痍的燕国，以及沦为俘虏可怜兮兮的燕王哙和狡黠的子之，还有那些眼巴巴仰视他的惨兮兮的燕国百姓。匡章本想一展征服者的威风，又突然有些于心不忍。

到底该如何处置燕国，如何处置燕王哙和子之，如何对待燕国百姓，匡章拿不定主意，也不敢擅作主张，他把这个难题留给了齐宣王。齐宣王当机立断："既然我们是吊民伐罪，那就先把燕王和子之解决了吧，这两人是罪魁祸首，不杀不足以显示我齐国的诚意。"

处决燕王哙和子之，匡章一点儿也不心慈手软。可怜的燕王哙，堂堂一国之君，居然连个体面的死法也没有，他是作为战犯被齐军处决。子之也一样，但他完全是罪有应得。

祸首已除，但燕国人的心情很复杂，也很迷惘。从内乱泥沼中挣扎出来的燕国人，终于得以思考——齐国人将如何对待他们呢？

本来，他们陷于内乱不能自救时，心想，即使齐国人占领燕国也无所谓，反正燕国已经乱七八糟，齐国占领燕国也不会比这更糟糕。可现在他们已经获救，就不可能还有那种无所谓的态度，齐军还赖在燕国的土地上干什么呢？

齐宣王也很犹豫，他原本很确定齐军的下一步计划，这个计划他是亲自制定，但齐军攻克燕国后，列国迅速将视线转移到齐军身上，虎视眈眈。齐宣王感觉齐国这时是一匹狼，它抓住了燕国这只羊，而列国如同虎正紧盯着狼，看狼如何处理羊。如果狼想独吞羊，虎就不会放过狼，会将吃掉羊的狼吃掉。

但齐宣王转眼又想，齐国毕竟不完全等同于狼，如果它独吞了羊，就可能变成一头虎，也就不惧列国的挑衅。

可万一齐国没有变成虎呢？齐国就可能变成列国眼中的羊，齐宣王就可能变成第二个燕王哙。

思来想去，齐宣王还是很想吞掉燕国这只羊，他心中已下定决心。但齐宣王又决定举行朝议，就此事征询群臣的建议。

如他所料，他很乐意见到，有很多大臣建议占领燕国。虽然他同样也料到，有大臣反对占领燕国，但他还是很不高兴，因为反对的人数也很多。两派大臣各持己见，都是一副理直气壮的样子，吵得不可开交，谁也无法说服谁。但让齐宣王头疼的不在于此，而是在他看来，两派大臣的分析都很有道理。

这时，齐宣王突然很想听听孟子的建议。齐宣王萌生了一种和燕国人相似的心理，反正"占与不占"的议题已经讨论得乱七八糟，孟子即使反对占领燕国又如何？也不会让事情更糟糕。万一他支持占领燕国呢？

有时候，人们明明已经下定决心，却迟迟没有行动，非要得到别人的认可才行动，哪怕那句认可是毫无意义的废话。有人说，这是底气不足的表现；也有人说，这不过是寻找一个麻痹自我的借口。

不知道齐宣王属于哪一种。

齐宣王没有料到，孟子竟然支持占领燕国，或者说他不反对占领燕国。他见到孟子时，满是得意地说："齐国和燕国都是万乘之国，但齐国仅用50天就攻占全燕国，这不是人力所为，必是天意。既然是老天爷的意思，齐国吞并燕国如何？"

孟子说："这不是问题。"

齐宣王一副迫不及待的样子，忙说："先生支持我占领燕国？"

孟子不置可否，说："但有个条件。"

齐宣王很不理解："支持就是支持，不支持就是不支持，怎么又多了个条件？"

孟子完全没有理会齐宣王，自顾自地说："如果占领燕国，燕国人高兴，大王就占领。以前周武王就是这样做的。"

听到这话，齐宣王有点儿后悔。

孟子又念书一样地说："如果占领燕国，燕国人不高兴，大王就不要占领。以前周文王就是这样做的。"

齐宣王这时很后悔。这样棘手的问题，就不应该问孟子。

孟子没有注意到齐宣王脸色的变化，又很有倾向性地说："以万乘之国讨伐万乘之国，燕国人为啥载歌载舞，欢迎齐军进入燕国？不过想脱离苦海罢了。大王千万不要辜负燕国人的期望，否则就与燕王没两样。"

正在生闷气的齐宣王突然乐了，他自作多情地认为，孟子其实支持他占领燕国。

齐宣王已经真正下定决心，将燕国纳入齐国版图。

吞并燕国后，齐国的领土陡然扩大了一倍。齐国本来就是天下强国，令列国十分忌惮，如今领土又扩增了一倍，卧榻之侧突然多了一个极富侵略性的庞然大物，列国诸侯岂会有安全感？

事情没有孟子想的那么简单，如果燕国人乐意齐国吞并燕国，齐国就一定可以吞并燕国。齐国不是后来的秦国，它的实力远不足以与列国抗衡。当它的实力不足以威慑列国时，却背着列国吃独食，必然引起列国的敌视。

列国诸侯已经摩拳擦掌。

战争的气味越来越浓烈，浓得让齐宣王喘不过气来。

齐宣王感觉不是一头老虎对他虎视眈眈，而是一群猛虎从四面八方将他团团包围，沾着垂涎的獠牙清晰可见。然而，在这种生死存亡的关键时刻，齐宣王居然还犯下一个不可饶恕的错误。

孟子献策救齐

占领燕国后，齐宣王有四种方案选择：

其一：善待燕国人民，待燕国安定后，齐军徐徐撤出燕国。

其二：善待燕国人民，乘机吞并燕国。

其三：在燕国大肆掳掠一番，撤出燕国。

其四：在燕国大肆掳掠，且趁人之危，吞并燕国。

第一种最仁义；第二种利益与风险并存；第三种虽然留下恶名，但也获得实实在在的利益。显然，第一种和第三种已不在齐宣王的考虑之中，因为他想吞并燕国。但齐宣王可以选择第二种方案，却偏偏选择了第四种，既掠夺燕国人民的财产，又想吞并燕国的土地。

这是最厚颜无耻、最让人愤慨，也是最愚蠢的选择。

首先对这个选择义愤填膺、奋起反抗的就是燕国人。

齐军入燕，抓捕了一批燕国战犯，燕国人拍手称快。这说明燕国人不是狭隘的地方主义者，对于齐军的正义之举，他们由衷欢迎。

但没过多久，齐军又抓捕了一批被"打成战犯"的燕国人。燕国人隐隐察觉到了不对劲的苗头，人心便开始动摇。恰在这时，齐军又开始搬运燕国王宫府库的财物，好像搬家似的，简直把燕国的宝贝当作齐国的私有财产。燕国人开始怨恨齐军。

但这还不是最可恨的。

齐军的搬运队伍络绎不绝，喜气洋洋，

燕国人的怒火越烧越旺，但齐军却在变本加厉，甚至祸及老人儿童。而且，齐军完全没有想要离开燕国的意思，反客为主，张扬跋扈，比寄食主人家却对主人颐指气使挑三拣四的客人更可恶。

是可忍，孰不可忍！

燕国人不约而同地举起反抗齐军奴役的大旗。历尽劫难的燕国战火重燃，遍地狼烟，齐国在燕国的统治渐渐动摇。

齐宣王下令镇压，但燕国的反抗不是局部性的，而是全面性的，齐军在燕国的兵力有限，左支右绌，十分狼狈。

如今，留给齐宣王的只剩下两个选择：其一是撤兵；其二是增兵。

撤兵绝不可能。齐宣王无数次告诫自己，齐国费尽心机所做的这一切，是为了什么？不正是为了吞并燕国吗？撤兵等于放弃燕国，功亏一篑，齐宣王绝不愿看到煮熟的鸭子飞了。

但增兵呢？更不可能！

随着燕国人的反抗，列国已经开始行动。

最迫不及待，率先发难的是赵国。赵国和齐国接壤，齐国的陡然强大，对赵国的威胁最大，所以赵国对破坏齐国的好事最为积极。

其次是楚国。值得一提的是，楚国本来对讨伐齐国没那么积极，但赵国做了一个局，吓得楚怀王连忙与赵国结盟。

这个局的设计者是名将乐毅。当赵武灵王决定出兵攻打齐国时，满朝文武无不支持，唯独乐毅投了反对票。

赵武灵王很费解："此时不伐齐，坐视齐国强大，赵国将来何以立国？将军为何犯此等低级错误？"

乐毅笑了笑："臣没有犯错，犯错的其实是国君您。"

赵武灵王说："此话何解？"

乐毅没有正面回答，只是问："国君有几分把握打败齐国？"

赵武灵王也没有正面回答，只是说："打不过也得打啊！"

乐毅正色道："打不过还打，就很不明智。国君有没有想过联合列国，群殴齐国？"

不用说，赵武灵王肯定想过。但是在他看来，事情没有想象的那么简单。燕国除了与齐赵两国相邻，与其他诸侯国并无接壤，齐国吞并燕国对其他诸侯国的直接影响并不大，未必愿意跟随赵国伐齐。

乐毅很清楚赵武灵王的心思，但他告诉赵武灵王："臣有办法让列国与赵国结盟。"

什么办法？赵武灵王想不明白，时局如此，谁也无法改变，除非赵国重金收买列国，谁愿意和强大的齐国拼个你死我活？

但乐毅的方法，不是重金收买列国，而是做一笔交易。这笔交易的对象，也不是赵国的意向结盟国，却是将要讨伐的齐国。

而且，这笔交易看似很不划算。乐毅居然建议赵武灵王：用赵国的河东之地交换齐国的河北之地。

河东地处富饶的中原，物阜民丰，河北则相对匮乏，这显然是一笔亏本的买卖。但赵武灵王想了半天，还是决定采纳乐毅的建议。

大战临头，赵国却和齐国做一笔亏本的买卖，唯恐齐国不够强大似的，这很难不让人怀疑乐毅和赵武灵王是不是头脑发昏。

事实上，这笔看似亏本的买卖，对赵国而言，却是一举两得。首先，赵国短期内无意东进，向北发展才是赵国的战略目标。以河东之地交换河北之地，有利于赵国兵力向北推进，扩充实力。其次，齐国得到河东后，在中原的势力愈发强大，势必威胁到列国的利益。当列国感受到齐国的威胁后，自然倾向于结盟伐齐。

齐宣王只想到了齐国在中原势力的扩展，这笔交易很快便在热情愉快的气氛中达成。

得知这一情报，楚怀王大惊。

其实，赵武灵王不与齐国换地，楚国也愿意与赵国结盟。这是因为，楚国虽然不与燕国接壤，但与齐国接壤，齐国一旦吞并燕国，对楚国的威胁也不小。而今，齐国又得到河东之地，楚怀王的危机感越来越强烈。

恐惧摧毁了楚怀王的自信。赵国和楚国都是天下强国，两强结盟，对抗内忧外患的齐国，结果显而易见。但楚怀王只看到了齐国吞并燕国和得到河东，吓破了胆，竟看不明白这种明朗的局势。

楚怀王不相信自己，也不相信赵国，还想拖魏国下水。三对一才能使他产生打赢齐国的信心。但魏国不想下水，魏襄王比楚怀王还胆小，他硬着头皮说："我将在精神上支持你们。"

其实，魏国也与齐国毗邻，魏襄王也担心齐国的崛起威胁魏国的利益，不过他更害怕得罪齐国。但既然魏襄王把齐国当作隐患，说明楚魏两国还有合作的空间，关键在于条件是否合算——合作的利益是否能弥补得罪魏国可能带来的损失。

楚怀王见状，只好重金收买魏国，说："如果魏国愿意跟随楚国讨伐齐国，楚国将献给魏国六座城。"

赵武灵王完全没想到，楚怀王伐齐的决心比他更大。如果换作他，肯定不会割让城池求魏国出兵。但更让赵武灵王始料未及的是，楚怀王伐齐的决心源自对齐国的恐惧，这种恐惧心理几乎败坏他的大事。

魏襄王得知楚怀王割城请援，而且还是整整六座城，大吃一惊。他坐在王位上乐呵呵地掰着手指头，过了一会儿，说："楚国这是给咱魏国的损失买单啊，这笔交易看来很划算。"

于是，魏襄王当机立断，与楚国结盟伐齐。楚魏结盟后，先后派出使者前往赵国，商议伐齐之事。两国与赵国的结盟，自然是水到渠成的事情。

楚赵魏三国结盟后，放出风声：齐国乘人之危，攻占燕国，是极其无耻的行为。齐军在燕国的残暴行径，更是倒行逆施。如果齐军不从燕国撤军，恢复燕国的地位与主权，三国一定教齐国怎么做人！

齐宣王被三国的霸气吓得上气不接下气。燕国爆发全面性复国运动，他本打算增兵镇压燕国，但听到三国赤裸裸的警告后，很庆幸自己还没做出决定。一旦齐国向燕国增兵，意味着齐国不给三国面子，堂而皇之地吞并燕国，明目张胆地和三国撕破脸皮，一场三对一的战争就势不可免。

齐国能以一敌三吗？齐宣王没有信心，齐国满朝文武也没有信心。增兵不可能，如果齐宣王采取不增不撤拖延不决的战术，三国也没有耐心和齐宣王这么耗着，三对一仍然不可避免。

看来，齐国只能老老实实从燕国撤兵。但齐宣王不甘心，看到煮熟的鸭子即将展翅高飞，急得直跺脚。他上朝时就此事咨询大臣们的意见，不问还好，一问更着急，大臣们跟商量好了似的，又是一半一半，公说公有理，婆说婆有理，到底听谁的才好？

这些年来，每当遇到困惑的时候，齐宣王总能想到孟子。

孟子在他的脑海中形象很高大，像无所不知的哲人，能够给困惑的世人指点迷津。尽管孟子很少提出有实践价值的建议，经常让齐宣王失望而归，但每次隔一段时间后，孟子哲人的形象又从他脑子里升起。

"列国怎么专门跟我作对？现在楚赵魏三国结盟伐齐，我该怎么办啊？"说这话时，齐宣王又产生了一个困惑，不过他这次不打算向孟子请教。

孟子一开口，齐宣王就开始反感。

其实，生活中我们也常常可以见到类似的事情。比如，小黑和小白分别时，小黑非常欣赏小白，非常想念小白，但当小黑见到小白时，又对他爱理不理，也完全没有欣赏的神色。然而，两人分别一段时间后，小黑又恢复对小白的情感。人与人之间的关系，就是如此矛盾，三言两语根本说不清楚。

话说，齐宣王的抵触也不完全是感性作祟，孟子的开篇确实有点儿老套，但他摆出一副独立思考的样子（在齐宣王看来），说："商汤凭借七十里之地统一天下……"

齐宣王不想听他再说下去……

好吧，考虑到齐宣王的情绪，这一段历史我们也不再复述，反正之前已经说过多次。

过了一会儿，孟子才开始步入正题，但齐宣王更生气。因为在孟子的口中，他俨然是个倒行逆施的暴君。

孟子像训斥顽劣的学生一样，说："燕国人民希望您解救燕国，可您倒好，下手比子之还狠。杀其父兄，系累其子弟，毁其宗庙，迁其重器，这怎么行？"

"难怪列国诸侯讨伐您！"孟子说得痛心疾首，"列国本来就畏惧齐国，现在齐国占领燕国，领土扩大了一倍，却又不行仁政，为了自保，岂能不结盟伐齐？"

想到商汤的故事不能白说，孟子又一本正经地说："您咋就不向汤学习呢？若行仁政，七十里也可以统一天下，何况齐国方圆千里。若行仁政，何至于落到今天这个局面？"

齐宣王对仁政还是没有任何兴趣，但孟子对列国讨伐齐国的原因分析，却是入木三分。他突然期待起来，抻长脖子问："仁政的事以后再说，您还是先教教我，如今列国伐齐，齐国到底该怎么办？"

孟子的答案完全可以解决"诸侯谋齐"的问题，让楚赵魏三国立即退兵。但齐宣王还是一脸愤愤，对孟子非常埋怨、失望。

这是为什么呢？

原来，孟子告诉齐宣王："大王若想让列国退兵，很简单，释放燕国战犯，停止掠夺燕国，安抚百姓，帮燕国人册立新君，然后从燕国撤兵。"

齐宣王差点气出脏话来，心说："如果想撤军，还用得着请教你？"但表面上仍是和颜悦色，客套地说："多谢先生赐教，请容我再想想。"

齐宣王真是不见棺材不掉泪。在孟子看来，齐宣王如果继续这样执迷不悟，一定会付出惨重的代价。

但齐宣王和所有人一样，也有一个自己心中的自己，在他的自我认识中，孟子所谓的执迷不悟不是执迷不悟，而是坚定不移迎难而上，这是一种美德。齐宣王为他的这种美德感到自豪，但同时，也感到肩挑重负。

想要坚守美德，就必须承担压力。齐宣王已经下定决心，不向楚赵魏三国屈服，毫不动摇地捍卫齐国的既得利益。

齐宣王知道，很多旁观者等着看他的笑话，甚至包括孟子在内，但齐宣王在心里暗暗发誓，一定要让自己变成一个神话。

这个神话就是力挫三国联盟、开战国时代吞并大国的先河。但是，这并不意味着齐宣王已经决定，要与以一敌三，与楚赵魏三国硬碰硬。齐宣王之所以有底气不撤兵，是因为他想到了一条妙计。

关于这条妙计的灵感来源，必须感谢伐齐最积极的楚怀王。

齐宣王十分清楚，楚怀王既是伐齐最积极的国君，也是最害怕齐国崛起的国君，他就像一个恐惧之下出于动物本能反抗的人，反抗有多强烈，恐惧就有多深。而化解他反抗的最有效手段，就是消除他的恐惧。

所以，齐宣王派人对楚怀王说："齐国是楚国的兄弟之国，齐国又不会欺负楚国，你跟着赵魏两国闹个什么劲呢？"

这样就能消除楚怀王的恐惧？齐宣王知道，楚怀王不仅是个胆小鬼，还是个能力平庸、鼠目寸光，且非常感情用事的人。

果然，楚怀王一听到齐宣王的宽慰，眸子里就亮光闪闪。但是，这并不足以消除楚怀王对齐国的忧患。

显然，齐宣王需要拿出让楚怀王信任的诚意。现在的齐宣王什么都缺，缺人气、缺民心、缺兵力，但唯独不缺"诚意"，要多少有多少。齐宣王精心装裱了一份诚意，决定送给楚怀王。他知道，楚怀王收到后一定非常惊喜。

楚怀王何止惊喜，收到这份诚意后，他像吃了九转大还丹一样一身轻松，感觉要上天，一种天地之间任逍遥的快感油然而生。于是他当机立断，退出楚赵魏三国联盟，分道扬镳，由伐齐急先锋摇身一变成为齐国的盟友。

齐宣王分化楚赵魏三国联盟的妙计完美成功。

那么，这究竟是一份怎样的诚意，竟让楚怀王对齐国的态度产生如此巨大的反差？

齐宣王可谓有知人之明。但实事求是地说，了解楚怀王这个小可爱也并不难。因为他常常把对秦国的恐惧挂在嘴上，生怕别人不知道似的。所以，齐宣王很明白，楚怀王虽然担心齐国崛起，但更害怕秦国。

两害相衡取其轻，楚怀王即使再没脑子，也清楚在大害与小弊之间该如何选择。在楚怀王看来，大害是秦国的威胁，小弊是齐国的崛起，如果只能二选一，是选择解决秦国的威胁，还是避免齐国的崛起？

楚怀王当然选择前者。这正中齐宣王下怀，于是他派人告诉楚怀王："兄弟，别跟我闹，跟我结盟，咱们一起对付秦国，如何？"

楚怀王一拍大腿："就这么愉快地决定了！"

秦惠文王气得五官乱颤。这位雄才大略的秦君，继承了祖先野心勃勃的优良传统，志力于东出称霸乃至吞并六国。楚国是他的重点压制对象，岂能容忍齐国破坏这种"良好的局面"？

他原本以为，齐楚结盟只是齐宣王为了收拾局面，用来忽悠楚怀王的权宜之计，却不料齐宣王竟然拿出了实实在在的诚意。结盟不久，齐国便协助楚国攻打秦国，占领曲沃之地。

事实上，齐国与楚国的结盟，齐宣王确实诚意十足。因为这对齐宣王来说，可以取得一箭双雕的效果。首先，齐楚的结盟，能够分化楚赵魏三国联盟，进而助齐国吞并燕国。其次，自楚国衰落后，齐国一直将秦国视作称霸事业上最强劲的对手，联合楚国对抗强秦，符合齐国的战略利益。

亡羊补牢，为时未晚，精明的秦惠文王挨打后，总算明白了这个道理。他本来不打算介入燕国事件，但如果坐视齐国吞并燕国，秦国的称霸事业将面临更大的阻力。而介入燕国事件，关键在于破坏齐楚联盟，使天下局势恢复战前状态，这无疑也是一件一举两得的事情。

占领曲沃，疯狂过后的楚怀王冷静下来，还是隐隐生忧。齐楚联盟到底能维持多久？楚国攻占曲沃，不啻和秦国撕破脸皮，秦国势必展开疯狂报复，如果齐宣王在关键时刻当叛徒，正如自己背叛赵魏两国一样转投敌营，又该如何是好？

消除隐患的方式有两种，一种是彻底消灭敌人，另一种是让敌人变成朋友。楚怀王不可能消灭秦国，若想治好自己的强秦恐惧症，只剩下与秦国做朋友一个选择。

两利相权取其大，与秦国结盟，和与齐国结盟，哪种选择利益更大？楚怀王认为是前者，也应该选择前者。但是，秦国没有和楚国结盟的诚意，楚怀王只能退而求其次，与实力稍逊于秦国的齐国结盟。

正当楚怀王感到遗憾时，秦惠文王突然派使者告诉楚怀王："谁说秦国没有跟楚国结盟的诚意？我早该和楚王说清楚，秦楚两国世代相交，打断骨头连着筋，平常有个什么磕磕碰碰，也应该尽早和好，怎么能让齐国插足呢？"

"真的？"楚怀王差点儿从王位上弹起来。

秦惠文王的使者名叫张仪，官居秦相。遥想当初，孟子和景春辩论时，对以张仪为代表的纵横家予以痛斥，名闻天下的张子居然被他讽刺为姜妇之道的小丈夫。可是，不论孟子如何贬斥张仪，也无法改变一个事实，张仪就是比孟子更善于游说国君，也更善于为国家谋取实实在在的利益。

见楚怀王已经心动，张仪趁热打铁："跟着齐国有什么好处？不能说完全没有，但齐王那个吝啬鬼，能让楚国占大便宜？我们秦王就不同，他老人家已经发话，只要楚王愿意跟秦国结盟，秦国便割让商於六百里之地。"

"对了，差点忘了一个很重要的事。"张仪奉承地看着四肢乱颤的楚怀王，说，"和秦国结盟，除了割让商於六百之地，还赠送一批秦国美女。"

土地和美女，这绝对是封建帝王的致命软肋，没有不贪图这两样东西的帝王。

齐楚联盟就这样短命夭折。

当楚国绝交的消息传来，齐宣王那个气啊，恨不得一巴掌扇死楚怀王！

秦国的强势介入，不仅瓦解了齐国的军事实力，也助长了赵魏两国的底气，更是极大鼓舞了燕国复国势力。秦国又联合魏国攻打齐国，大败齐军。紧接着向燕国挺进，与燕国复国势力里应外合，夹击齐军。

齐国的局势越来越危险，齐宣王已坚定过无数次的决心开始动摇。更重要的是，燕国的复国势力已基本控制燕国，齐国在燕国的统治名存实亡，已经没有坚持下去的必要。齐军还留在燕国，除了成为列国的靶子，没有任何实际意义。

齐宣王灰头土脸，狼狈地下达了这辈子最痛苦的决定——从燕国撤军。

齐国出兵时，齐宣王意气风发，齐军盔明甲亮，士气振奋，气吞万里如虎；齐国撤兵时，齐宣王垂头丧气，齐军是一群残兵败将，伤痕累累，松松垮垮，死气沉沉。

丢人啊，太丢了人！一想到自己当初的豪情壮志，齐宣王就羞愧得无地自容。

就在齐宣王抬不起头来时，他又很不争气地想到了孟子。孟子当初劝他从燕国退兵，齐宣王不屑一顾，在心里冷嘲热讽，骂骂咧咧。如今不幸被孟子言中，齐国赔了夫人又折兵，狼狈而归，他还有何面目见孟子？

齐宣王以为孟子肯定幸灾乐祸，看他的笑话。他仿佛能看到孟子眉飞色舞、手舞足蹈的样子。他仿佛听到孟子正得意扬扬地向弟子们炫耀："我早就劝告齐王，让他从燕国撤兵，他还死犟着不听。如今怎样？不听智者言，吃亏在眼前！"

其实，孟子并没有幸灾乐祸的心思，只是为齐宣王的遭遇感到悲哀。但经历巨大挫折的齐宣王精神受了刺激，心理太敏感，有点儿以小人之心度君子之腹。在这种心理的影响下，齐宣王又做了一件蠢事。

这件蠢事，直接促使孟子与齐宣王分手。

实事求是地说，齐宣王产生这种心理也很正常。齐宣王也不是圣贤，也好面子，也害怕犯错，也担心被嘲笑；犯错之后也会草木皆兵，胡思乱想。但遗憾的是，齐宣王毕竟不是普通人，而是堂堂一国之君，身边有一群溜须拍马的近臣。这些近臣为了取悦君主，往往投其所好，替君主文过饰非，致使君主错上加错。

让齐宣王错上加错的人名叫陈贾。他也是齐宣王的近臣，但未必是位谀臣。据有限的资料显示，陈贾应当是一位知识分子，而且极可能看不惯孟子的行事作风。当齐宣王表露出无颜见孟子的羞愧时，陈贾愤愤地说："大王，你别难过了。"

齐宣王瞪了陈贾一眼，厌烦地说："说得倒轻巧！"

陈贾却自顾自地问："大王，您觉得自己和周公相比，谁更优秀？"

这个突如其来的问题让齐宣王感到莫名其妙，他不满地说："你开什么玩笑，当然是周公更优秀！"

陈贾略微松了一口气，他生怕齐宣王把头一甩，傲慢地说，那还用说，当然是他！那样，他就会瞠目结舌，一脸无语地看着齐宣王，因为他煞费苦心编织的思路已经被齐宣王斩断。

庆幸齐宣王没有那样说，陈贾心想，否则他无法为齐宣王辩护。但如果设身处地地为齐宣王着想，他真应该傲慢一回，也许就不会自取其辱。

陈贾乘机说："周公那么优秀，也无法阻止管叔叛乱，大王犯一点错误，也很正常，不能因此就认为大王不英明。"

齐宣王感激地看着陈贾。陈贾突然振奋起来，越说越激动："周公让管叔监督殷商遗民，如果他明知管叔会造反，却仍然让管叔接手这份工作，这就是不仁；如果周公不知道这事儿，那就是不智。连周公也不仁不智，铸成大错，大王犯了这点错误，他孟子凭什么笑话大王！"

陈贾摆出一副义愤填膺的样子，齐宣王感觉他和自己一条心，真心实意为自己出气。陈贾语气又突然平和下来，看着齐宣王说："大王，您说是不是这个理？"

齐宣王还是有点儿不好意思，讪讪地说："差不多，也许，大概，就这样子吧。"

陈贾说："既然如此，我想替大王跟孟子这样解释解释，您意下如何？"

齐宣王顿了顿，露出一副犹抱琵琶半遮面的表情，没有说话，只是向陈贾投来一个默许的眼神。

陈贾立刻拜访孟子。一见到孟子，就气势汹汹地问："周公是何等人物？"

这个问题太老生常谈，太简单，陈贾火急火燎地赶来，难道就为问这个问题？孟子很快意识到，陈贾来而不善，于是警惕地说："古代的圣人。"

孟子为避免言多必失，不肯多说半个字，但他无论如何也没料到，还是掉入陈贾的圈套。陈贾乘机质问道："既然周公是圣人，为何管叔还要造反？"又问："周公是否料到管叔会造反，却还是派他监督殷商遗民？"

孟子说："这倒是没有料到。"

陈贾哇呀一声，几乎跳起来："照这么说，圣人也会犯错误咯？"

孟子却平静地说："周公犯这个错误情有可原。"

陈贾像疯了一样，尖叫道："啊，孟夫子，瞧你这话说的，别人犯错误就罪该万死，周公就情有可原……"

"嚷什么！"孟子连忙打断陈贾，说："管叔是周公的哥哥，周公能怎么办？做弟弟的岂能猜疑哥哥会谋反？所以，周公犯下了所谓的错误，不是情有可原吗？"

陈贾很想告诉孟子，"造反这种大逆不道的事情，就算是叔叔也没情面可讲，哥哥又算什么！"话到嘴边，陈贾咽了下口水，又很不争气地说："大概，也许，好像有点儿道理。"

陈贾已经示弱，但孟子却不依不饶："周公即使错了，但他能知错就改。像周公那样的古代君子，他们的错误像日食一样明显，所有人都能看到，从不加掩饰。当他们改正错误时，民众都抬头仰望。（且古之君子，过则改之。今之君子，过则顺之。古之君子，其过也，如日月之食，民皆见之，及其更也，民皆仰之。）"

"而现在所谓的君子，"陈贾心跳骤然加速，因为他已感受到疾风骤雨来临："不仅知错不改，还编造一堆借口文过饰非，错上加错，这还算君子吗？"

尽管早有心理准备，但陈贾还是吓了一大跳，孟子指桑骂槐的用意太明显，措辞之犀利远在他的意料之外。陈贾突然着急起来，该如何向齐宣王交代？本来是想替齐宣王遮羞，结果自取其辱，让齐宣王也辱上加辱。

陈贾很后悔，自己实在不该自作聪明啊！但他不肯认输，还想强词狡辩，负隅顽抗。可想了半天，也不知如何反驳孟子。

　　孟子这下终于确定，他已经对齐宣王彻底失望。以前他以为齐宣王很有希望，但见到齐宣王后，又对他非常失望；后来发现齐宣王还有希望，于是又抱以希望；但结果发现那种希望不是希望，只是急切希望下产生的错觉。

　　孟子感觉自己被齐宣王骗了，被他尊贤重道的姿态误导，被他谦逊好学的模样迷惑，被他宽厚大方的气质吸引，从而做出错误的判断：齐宣王是个仰慕圣贤之道，渴望施行仁政的明君。但事实上，他与孟子心中的明君有天壤之别，齐宣王对仁政根本没有任何兴趣。

　　没有兴趣，却又要摆出一副尊贤重道的样子，孟子有时候很怀疑，齐宣王是不是故意这样欺骗他们这群学者？他是不是原本就是个不学无术不知所畏的政治流氓，不过靠这种精湛的表演哗众取宠、沽名钓誉？

　　但事实告诉孟子，齐宣王绝不是这样的伪君子，他确实尊贤重道，也确实谦逊好学、宽厚大方，但就是不喜欢儒家的仁政。

　　这无疑让孟子非常头疼。正如有一个人，他人品非常好，情商又高，助人为乐，对谁都十分友好，但就是不喜欢你。你想挑他的毛病，证明那不是你的错，却发现根本找不到。反躬自省，发现自己更没有让他讨厌的毛病。

　　这到底怎么回事？孟子也有这样的困惑。在风度和气质上，魏惠王和齐宣王很相似，魏惠王也是尊贤重道却不推崇仁政，孟子给他的评价是"不仁"，错在魏惠王一方。那么，不行仁政的齐宣王是否也是不仁之人呢？

齐宣王岂止不仁，还很刚愎自用。占领燕国后，他苦口婆心劝说齐宣王撤兵，但齐宣王冥顽不灵，以至于齐军四面楚歌，狼狈撤退。

齐宣王又岂止刚愎自用，还喜欢文过饰非。铸下大错，不仅不思悔改，反而让陈贾狡辩，掩饰错误。

一想到陈贾狡辩这事，孟子气就不打一处来。如此一来，孟子除了想到齐宣王这些显而易见的错误，又挖掘出他更多的错误。加上齐宣王以寒疾为由，没有亲自拜访孟子（开篇提及），孟子以为齐宣王有意怠慢他，因而对齐宣王更加失望。

齐宣王的形象在孟子眼中已经千疮百孔。

孟子再次确定，他已经对齐宣王彻底失望。这种失望和对齐威王、宋君偃、鲁平公、魏惠王、魏襄王的失望一样，使孟子产生了离去的念头。

这一年，孟子已经六十岁。在那个时代，人生七十古来稀，能活到六十就已是高寿。孟子不知自己还能活多久，但他不想再把宝贵的余生耗费在齐宣王身上。

也许，如果孟子继续留在齐国，在不久的将来，齐宣王还会给他带来希望。但孟子几乎可以断定，那种希望也是错觉，其结果一定是失望。

孟子终于下定决心，告别齐宣王，告别稷下学宫，告别齐国。这一去，很有可能是永别。因此，他特意选了一个日子，向齐宣王辞别。

齐宣王得知孟子要走，一时难以接受。他与孟子的关系，早已超出君臣的范畴。不论他多么抵触仁政，依然敬佩孟子的学识、人品和风骨，政见不同并不能影响他对孟子的私人情感。这好比战场上拔刀相向的对手，私底下也可以成为惺惺相惜的挚友，三国时期的陆抗与羊祜便是如此。

尽管孟子的到来，并没有给齐宣王带来可见的利益，齐宣王也经常对孟子的建议置若罔闻，甚至加以蔑视，但他还是希望孟子留在齐国。正如那句歌词——有些人说不清哪里好，但就是谁都替代不了，或许这就是缘分吧。

为了挽留孟子，齐宣王亲自来到孟子家中。但无奈孟子去意已决。齐宣王很不舍，动了真情，说："和您在一起的时光，我非常高兴，可如今，如今您又要弃我而去。哎，我们以后还能再相见吗？"

孟子鼻子一酸，意味深长地说："但愿还能相见吧。"

齐宣王的眼眶刹那间湿润起来，不再说话。孟子伤感地看着他，也不再说话。那一刻时间仿佛凝固，这一对君臣和挚友，就这样相顾无言，持续了很久。

直到齐宣王回宫，孟子也没有再提辞别的事，尽管他早已下定决心。齐宣王也装聋作哑，既然孟子不再提，他就当作孟子默认留下来。

事实上孟子还是想走。齐宣王也知道，自己有点儿自欺欺人，所以为了让孟子回心转意，他决定做最后的努力。这是一次不计成本的努力，如果孟子还是坚持离开，便不再挽留，顺其自然。

齐宣王决定把他的诚心拿给孟子看。齐宣王很明白，孟子想离开齐国，无非是觉得自己不够重视他，如果能够体现出对他的重视，孟子或许就会留下来。至于体现重视的方法，齐宣王对时子说过："我想专门在临淄盖一座大房子，请孟子住下，并赐给他万钟之粟，你觉得如何？"

时子是齐国大臣，他奉承地说："相国也就万石的俸禄，大王却给孟子开万钟（六万四千石），孟子肯定很高兴。"

齐宣王长叹一声，说："但愿如此吧。"又说："今天叫你来，是有事请你帮忙。"

齐宣王说："万钟俸禄的事情，我不便开口，你替我去和孟子谈谈。"

时子满口答应。但他的胆量真大，居然对齐宣王阳奉阴违，并没有找孟子谈论这事。不过，时子也没有完全失信于齐宣王，他找到了孟子的学生陈臻，把这件事情告诉他，请他转告给孟子。

一个简单的消息传达，竟然如此一波三折，由齐宣王公布，经时子、陈臻之口，再传到孟子的耳中。齐宣王为何不直接告诉孟子呢？

齐宣王太了解孟子。如果他直接对孟子说，孟子一定自尊心发作，气鼓鼓地质问他："你是想收买我吗？我不接受你的收买！"

但齐宣王没料到，即使让他人转达，孟子还是无法接受。不过，他没有将矛头对准齐宣王，而是时子。他激动地说："时子这种人怎会明白！如果我贪图富贵，岂会向齐王辞官，辞去十万钟的俸禄（多年做官的俸禄总数），却接受一万钟的赐予？"

又说："谁不想富贵？但如果于富贵之中有垄断，这就很无耻了。正如古代有一个贱丈夫，每次进行交易前，都要找个独立的高地登上去（必求垄断而登之，垄断一词源自于此），左观右望，恨不得把所有的好处一网打尽。人们都觉得他无耻，所以向他征税。向商人征税便由此开始。我岂会是这种人？"

孟子先后在齐国生活了三十年，齐国早已成为他的第二故乡，离开齐国他也十分不舍，所以他本打算在齐国多停留一些时间。但这时，他却决定尽快离开齐国。因为孟子不想让别人误会，他已经宣布离开齐国，却迟迟不走的原因，是以退为进逼迫齐宣王以高昂的待遇挽留，谋取更大的利益。

齐宣王高薪挽留孟子，却取得了适得其反的效果。

但齐宣王不甘心就此作罢。他本来已经决定，如果高薪挽留孟子，孟子还是执意要走，便不再强求。但这时他突然想起一个人，他觉得自己还可以再努力一下，请这个人挽留孟子。

此人能言善辩，齐宣王对他很有几分信心。

激将法

这个人正是淳于髡。淳于髡和孟子是老相识，但两人更像是冤家，多年以前，孟子在论战中大败淳于髡，让淳于髡狼狈不堪。

淳于髡既尊重孟子，又不喜欢孟子。尊重他的博学，但不喜欢他的仁政。他认为孟子是个迂阔不通的老儒生，他很反感那些夸夸其谈不切实际的高论，他一直想痛痛快快地反驳得孟子体无完肤。

但无奈孟子太善辩，淳于髡这个酣畅淋漓的夙愿一直未能实现。自然，当初他在论战中惨败孟子的仇，也一直无法得报。

这个仇淳于髡还记着。当齐宣王邀请他劝说孟子留下来时，淳于髡眼前一亮，这也不失为一个报仇的机会。

淳于髡不是一个睚眦必报的人，但学术思想上的复仇，也可以理解成对真理的执着。但是，怎样既报"论败"之仇，又能够挽留孟子呢？

淳于髡的办法是激将法。

如果孟子被他刺激到，就必然在论战中败下阵来，淳于髡大仇得报，孟子也会回心转意留在齐国。这是个一举两得的办法。但凡事机遇与风险并存，如果孟子没有被淳于髡刺激到，淳于髡就可能败下阵来，一辱再辱，也无法挽留孟子。这也是个一举两失的办法。

到底是一举两得，还是一举两失？淳于髡其实也没有把握。

但淳于髡必须拿出十二分信心。一见到孟子，他就挑衅地提出了一个人生观的问题："重视名誉是为济世救民，轻视名誉是为独善其身，这两者之中，先生更倾向哪一种？"

这显然是明知故问，孟子心想，淳于髡为何要明知故问呢？听淳于髡的语气，就知道他来而不善，孟子隐约察觉到了淳于髡的用意，以及他期待自己如何回答。但孟子想了想，还是如他所愿的说："我自然希望济世救民。"

淳于髡以为孟子上当，忙说："既然先生想济世安民，干嘛急着离开齐国？况且，先生贵为齐国三卿之一，享受着齐国的俸禄，却没有为齐国做任何贡献，如果现在一走了之，对得住齐国吗？"

见孟子脸色没有太大的变化，淳于髡又跳起来说："先生常常以仁人自诩，仁人难道就像您这样？"

这样是哪样？虽然淳于髡没有把话说得更直白尖锐，但孟子听得很清楚，淳于髡拐着弯地骂他尸位素餐，没有责任心。

孟子扪心自问，自己到底有没有尸位素餐？他早就和学生讨论过，君子不存在吃白饭的问题。而且，淳于髡以仁人来质疑他，孟子很不以为然，他激动地说："你根本连仁是什么都不懂，还敢这样质疑我！"

由于孟子的口气太自信，淳于髡不自觉地被动起来："那先生认为仁是什么？"

淳于髡本想让孟子无法自圆其说，却不料反而让孟子掌握主动权。他以给学生上课的语气说："伯夷，处于卑贱之位，却不以贤人的身份服侍昏庸的人；伊尹，五次投奔汤，五次投奔桀；柳下惠，不讨厌昏暴的君主，也不拒绝卑微的职位。这三个人，行为虽然不同，但体现的都是仁。"

说完，他理直气壮地指着胸口说："君子只要心中有仁便可，为何一定要和别人做的一样呢（君子亦仁而已矣，何必同）？"

淳于髡明白，孟子的意思是说，虽然他的行为与众不同，违背食人之禄忠人之事的原则，但只要他的动机是践行仁，就问心无愧。但淳于髡觉得孟子这样很无耻，既然你那么仁，就别隐藏在心里，倒是体现出来啊！他心想，心中有仁就一定问心无愧吗？好心做坏事的人，心中难道没有善？是否可以厚颜无耻地说自己问心无愧？

但淳于髡没有如此质问孟子，却突然莫名其妙地转换话题，他以嘲讽口气说："你们儒生不是喜欢吹捧贤人吗？当初鲁缪公在位，子思在鲁国做官，子思可是你们儒生眼中的大贤人，鲁国的实力为何反而下降？看来，贤人对国家根本没有任何用处！"

没人知道淳于髡为何如此否定贤人。他自己就是稷下学宫的负责人，成天与列国学者贤人为伍，关键在于，从某种意义上说，他自己也是齐国的贤人，他为何否定自己呢？

而且，淳于髡接下来的一番话更蹊跷。

孟子说："虞国不用百里奚而亡，秦穆公用百里奚而称霸，可见，不用贤人必将亡国，怎能说贤人无用呢？"

淳于髡忙说："王豹擅长唱歌，他以前住在淇水旁边，常常唱歌，以至于河西的人都会唱歌。可见，内心存在什么，一定会表现出来。所以，如果一个人真是贤人，也会把贤德表现出来，那么，当他从事某项工作时，怎么可能没有成就？除非那人根本不是贤人。"

这时，淳于髡对贤人态度竟然与之前截然相反，他不仅没有否定贤人，而且认为贤人必然能建功立业。他只是质疑，如果一个人被誉为贤人，却没有取得任何事业上的成就，岂能称之为贤人？

这种质疑显然针对孟子。他说："我从来没有看到过有贤人之名，却没有做出相应成就的人。如果有，我一定会知道。但我不知道，可见现在根本没有贤人。"

孟子知道，淳于髡讽刺他不是贤人。他很生气，瓮声瓮气地说："你没看到，并不代表没有，贤人本来就不是普通人能够理解的（君子之所为，众人固不识）。"

"就好比孔子，他在鲁国做官，不被信任；跟着祭祀，祭肉也没有送来。孔子很生气，于是匆忙离开。有见识的人很清楚，孔子离开是因为鲁国失礼，但有些俗人却认为，孔子是去争夺祭肉。"

说着说着，孟子突然得意起来，他一本正经地再次强调："君子的所作所为，本来就不被普通人理解。"

淳于髡气得脸像猪肝一样。因为在孟子口中，他成了不能理解贤人的普通人，这是智商低的体现。淳于髡作为政学两界通吃的名人，也颇有几分自负的心理，岂能受得了孟子如此藐视他的智商？

他心想，孟子也太能狡辩了！但嘴上却一句话也说不出，只是讪讪地看着孟子，像个泄了气的皮球。

淳于髡突然认输了。但他输得很无奈，很不服气，他在心里自我安慰说："两个人辩论，如果一个人摆出一副理直气壮歇斯底里的样子，一口咬定一切都是别人不理解他，另外一个人还能说什么？"

其实不想走

孟子说，其实他早就想离开齐国。

到底有多早呢？

他后来告诉公孙丑，早在齐国出兵燕国的时候，他就有离开的打算。但孟子那时为何没有向齐宣王辞别呢？他对公孙丑说："若不是看在齐国有战事，齐宣王忙不开的份上，我早就走了！"

这样的话，似乎很不可信，有点儿得了便宜还卖乖的感觉。如果你真想离开，齐国打仗干你何事？齐宣王再忙碌，也不至于连批准你辞别的时间也没有。但事实又似乎并非如此，孟子为了表明他离别的决心，做出了一项重要决定。

他拒绝了齐国的俸禄。孟子当时官拜齐国三卿之一，却不再接受齐国的俸禄，这岂非意味着他决定离开？但是，孟子却又没有立刻辞去官职，这让公孙丑很不理解，他说："做官却不接受俸禄，这符合古人之道吗？"

孟子说："我也不想这样啊！"接着他向公孙丑解释想走不能走的原因，又说："这时候还留在齐国，不是我的心愿啊！"

看来，孟子确实很想马上离开齐国，所以万钟俸禄留不住，巧舌如簧的淳于髡也劝不住。

看着孟子的辞职报告，齐宣王无可奈何地哀叹很久，他认为自己已经尽了挽留孟子最大的努力，可孟子还是毅然决然要走，他还能如何呢？齐宣王怔怔地看着远方，又叹了一口气，批准了孟子辞官回乡的请求。

孟子走的那一刻，没人知道齐宣王的心情如何，或许充满了惋惜和不舍。也不知道齐宣王有没有亲自送别孟子，或许有，或许没有，但不管还是没有，都不意味着齐宣王对孟子的感情有任何折扣。

孟子离开临淄以后，齐宣王又突然很不甘心起来，他觉得自己还可以努力一下。

可是，孟子在临淄时，担任齐国官员，齐宣王也留不住他，如今孟子已经离开，又已是自由之身，齐宣王的努力还有意义吗？

或许，有一点儿作用。

告别齐宣王后，孟子一路马不停蹄，来到昼地。这时，孟子感觉有点儿疲惫，加上天色已晚，便在决定昼地过夜。等休息好，养精蓄锐，明日再赶路也不迟。

然而，这天晚上发生了一件事，将孟子的计划打乱。孟子准备睡觉时，突然有一位不速之客前来拜访，此人孟子并不认识。

但这位陌生的客人却一副老相识的样子，喋喋不休地说了许多，大意是希望孟子留在齐国。孟子被这位不速之客打扰睡眠，本来就很不愉快，他以为此人有要事相见，或者向他请教学问，这才勉强接见他，却发现他是齐宣王的说客，于是更加生气。

客人还未说完，孟子就已猜到他的用意，所以客人的话对他没有任何兴趣，孟子不想再装模作样地倾听，索性伏在坐几上打起瞌睡来。

这时，客人正说得唾沫横飞，十分卖力，见孟子一副爱答不理的样子，客人突然哇呀一声："孟夫子！"

孟子一惊，清醒了许多，忙说："你想干什么？"

客人气得呼呼喘气，委屈地说："为了和您相见，我提前就做准备，斋戒了一天整洁身心，这才敢和您说话。可是您呢？居然对我爱答不理，还打起瞌睡来。"

说罢，客人一甩袖子，便要离开。当客人已起身时，孟子一副老师命令学生的样子，说："你坐下！我跟你说清楚！"

客人刚才还是气鼓鼓的样子，突然腿一软，不自觉地坐回原位。孟子说："你这人不厚道啊！"

客人又生气地瞪着孟子，仿佛他恶人先告状。孟子又说："当年子思在鲁国时，鲁缪公觉得如果没有人在子思身边，就不能让子思安心。由此可以看出，鲁缪公对待贤人多么贴心啊！你设身处地想想，如今齐王待我，连鲁缪公待子思也不如，你不劝齐王改变态度，却只顾着用空话挽留我，这样做真的好吗？"

"啊？"孟子突然激动起来："你还好意思怨我，你说，你如此对待长者，到底是你向我决绝呢？还是我向你决绝？"

客人被反问得哑口无言，但他又不服气，只好垂着脑袋生闷气。

孟子先是爱答不理，又措辞激烈地驳斥齐宣王的说客。看来，他辞别的决心确实很坚定。

但，事情其实并没有如此简单。

驳斥客人之后呢？按说孟子应该一觉醒来，头也不回地离开昼地。但孟子没有，他又在昼地住了一晚。住了这一晚后，又住了一晚。

孟子接连在昼地住了三晚。孟子很疲倦吗，为何在昼地停留如此之久？孟子精力十足。事实上，当他决定在昼地过夜时，就不是特别疲倦。因为从齐都临淄到昼地，不过几十里路，孟子即使步行，也不至于累到连休三晚。

而且，孟子离开齐国，才走几十里路，便决定停下来休息，现在想想，不觉得很蹊跷吗？

当时很多人都如此认为。齐国人尹士更是不无讽刺地说："如果孟子不知道大王不能成为商汤周武王那样的圣人，便是他的糊涂；如果明明知道，却还要来齐国，便是他贪图富贵。"

有人对后者很感兴趣，尹士又阴阳怪气地说："大老远从外地赶来，结果大王根本不重用他，这才灰溜溜地离开。走就走吧，可他刚走了几十里地就不走了，在昼地歇了三晚才走，他这样慢腾腾的，到底想干什么啊？"

说完，尹士仍不解气，又骂骂咧咧地说："我对他这样很不爽（士则兹不悦）！"

古人说话都比较含蓄，很少直白地表达对对方的不满，何况对孟子这样的大儒。然而，尹士却公然宣称他"不悦"，这话后来经过孟子的徒弟高子传到孟子耳中，孟子着实受到了不小的刺激。

但他的反应却大出人们所料。高子以为孟老师会像以前那样，像炸雷一样言辞激烈地驳斥尹士，但事实上，那一刻的孟子不再是那个暴躁的夫子，他像只斗败的公鸡，沮丧地说："尹士怎么会了解我呢？"

又说："我也是迫不得已啊！我不远千里来到齐国，是希望齐王能行仁政。结果不被齐王重用，被迫离开，这难道也是我希望的吗？"

孟子的脸色越来越暗："至于说我在昼地停留三晚，有人觉得太久了，可你知道我心里怎么想的吗？我还觉得太短了！"

看着一脸疑惑的高子，孟子说："我当时就想着，还是再等等吧，万一齐王回心转意呢？如果齐王回心转意，一定会把我召回朝廷重用，所以我等了又等，等了又等。"

孟子越来越失落："可我没有想到啊，等了三晚，齐王还是没有回心转意！哎，当时我心都凉了，所以才头也不回地离开昼地。"

说到这里，孟子动了真情："纵然如此，难道我愿意抛弃齐王吗？他虽然不能成为武王那样的圣君，但还是可以大有一番作为。如果他能够重用我，岂止能给齐国带来太平盛世，全天下也会对齐国刮目相看。"

孟子说得几乎潸然泪下："我就这么天天盼望着啊，盼望着齐王能够回心转意。"

"哎！"孟子唉声叹气后，又突然恢复了往日的神气："我难道是那种心胸狭隘的小丈夫吗？向君主劝谏，不被采纳，便勃然大怒，拂袖而去，直到走得精疲力尽才停下来。"

孟子这番话，道尽了尔虞我诈的乱世中一个理想家内心的彷徨、辛酸与无奈，很真诚，也很令人感动。

尹士听到这话后，顿时沉默了。他为自己伤害到孟子感到深深的愧疚，忏悔地说："我真是个小人（士诚小人也）！"

九死不悔：外交何必言利

孟子和齐宣王之间可能发生了一个令人遗憾的误会。

孟子在昼地数落齐宣王的说客，给齐宣王的印象是，孟子回乡之心已坚如磐石，风雨不动。更何况，受到数落的说客还可能出于报复心理，或个人情绪作祟，在齐宣王面前添油加醋，阻挠齐宣王召回孟子。

但身处局中的孟子，怎知背后的隐情？他自然以为齐宣王不可能回心转意，所以头也不回地离开昼地。

就这样，战国时代最渴望施行仁政的学者，与最可能践行王道的王，在误会中依依惜别。

这简直是历史的玩笑。

当时，他们两人或许谁也没想到，这一别，竟是永别。

这一年是公元前312年，齐宣王在位的第八年，孟子61岁，齐宣王39岁。

11年后，公元前301年，齐宣王病逝，享年50岁。

又过了11年，孟子的生命也即将走到尽头。公元前289年，孟子与世长辞。

《孟子》中有相当部分内容，是孟子与齐宣王的对话，可见孟子对齐宣王的希望之大。孟子如此频繁地劝谏齐宣王，甚至出言嘲讽，可齐宣王仍然对孟子礼遇有加，尽最大的努力挽留孟子，也可见齐宣王对孟子的欣赏。

这两人本可成为一对君明臣贤的典范，可惜造化弄人，他们生在了烽火狼烟的战国。当此之时，列国诸侯无不在扩充实力、整兵备战，列国之间的厮杀方兴未艾，不是你死，就是我亡，齐宣王无论多么欣赏孟子，也不可能推行仁政。

马上才能定乾坤，在弱肉强食的丛林社会，拳头的大小，决定真理的多少，孟子的仁政没有用武之地。

如果孟子和齐宣王生在几百年后的太平盛世之下，齐宣王还是君主，但没有那么推崇霸道；孟子还是学者，但没有那么纯用儒教。以两人之间的投缘，倒极有可能成就一对君明臣贤的佳话。

但战国时期的孟子和齐宣王，只能留下"有缘无分"的千古遗憾。

"时来天地皆同力，运去英雄不自由"，无论多么强大的人，也不可能改变时代的宿命。

孟子是相信天命的。

离开齐国后，途经鲁国，孟子回首往事，不禁流露出悲伤的神色。鲁国是孔子的母国，也是他的祖籍所在地，可以说是他的半个故乡，但孟子却没有衣锦还乡，而是在世人的议论声中，灰头土脸地回来。联想到当初游说鲁国，不被鲁平公善待的屈辱往事，孟子的情绪就更加低落。

学生充虞（孟母去世时，给孟母督造棺材的那位仁兄）很不理解。按说充虞应该理解，孟老师经历如此这般遭遇，换作常人早已向挫折低头，产生悲伤的情绪实在不足为奇。但充虞的质疑也着实很有道理，他问孟子："老师似乎不太快乐。学生记得老师说过，君子不怨天，不尤人，老师为何不快乐呢？"

孟子勉强地笑了笑，说："彼一时，此一时也。"

"五百年必有王者兴，必有命世之才诞生。自武王以来，已经过去漫长的七百多年，按时间，早已超过五百年；论时势，也该诞生圣君贤臣了。可为何没有呢？"

孟子长叹一声，自言自语道："大概老天还不想天下太平吧！"

说完，孟子突然振奋起来，说："如欲平治天下，当今之世，舍我其谁！"

这句话真可谓自信无比，响彻古今，但对孟子的敌视者来说，无疑是狂妄至极。

充虞惊讶地看着孟子，孟子笑着说："既然如此，我为何不快乐呢？"

话虽如此，但孟子还是很难高兴起来。自七岁发蒙读书，孟子学儒已经长达半个世纪；自二十六岁投奔稷下学宫，孟子游学已经长达三十余年。如此坚持不懈，不辞劳苦，是为了什么？不正是推行仁政平治天下的理想？可现实对孟子太残酷，劳碌奔波三十多年，且不说平治天下，他连任何一个掌握实权的官职也没有得到。他比孔子更可怜，孔子好歹做过鲁国大司寇。

孟子根本连实现理想的机会也没得到。正如一个异常勤奋的拳手，挥汗如雨玩命似的训练，只为在擂台上证明自我，然而，当他千辛万苦凭实力受邀参赛，眼巴巴地看着擂台跃跃欲试时，却被告知没有上场的机会。

人世间最痛苦的事，莫过于此！

"亦余心之所善兮，虽九死其犹未悔"，孟子或许没有读过屈原的《离骚》，但我想此时此刻，两人的心境是相同的。孟子自己也说过，"自反而缩，虽千万人，吾往矣"，这难道不是九死不悔？

归去来兮，既然游说诸侯无果，既然"夫天，未欲平治天下"，孟子决心回到家乡邹国，著述教学，光大儒学，以待后人。

与齐宣王离别的同年，61岁的孟子终于回到他阔别多年的家乡。虽然怀才不遇黯然而归，但孟子毕竟不再是当年那位默默无闻的年轻儒生，一大批学生如公孙丑、万章等人，跟随孟子回到邹国，让邹国这个默默无闻的小国顿时车马喧哗，名声大噪，轰动一时。

尽管已退隐家乡，但并不意味着孟子不会再度离乡。因为他心中行仁政、治天下的理想从未熄灭。他虽然已经年迈，但当天下风吹草动之时，仍然像年轻人那样，内心开始激动不安，很想大展身手。

这一年，孟子有事来到宋国石丘。在这里，他遇到了稷下学宫的老相识宋牼（kēng）。

宋牼与同为稷下先生的尹文思想较近，两人的学说并称为宋尹学派。有人说，这个学派属于墨家别派，也有人认为是道教流派之一，但宋牼艰苦朴素、兼爱非攻、心怀天下的思想观念，与墨家学说比较契合。

宋牼是宋国人，但是，他即将离开宋国。去哪儿呢？看到宋牼那副忧心忡忡的样子，孟子很好奇："先生急着去哪儿？"

"去楚国。"宋国距楚国路途遥远，但宋牼一副不辞劳苦，势在必行的样子。

那么，去楚国所为何事？

此前，楚国与秦国爆发了两场激烈的战役。因张仪以商於之地欺骗楚怀王的缘故，楚怀王倍感屈辱，于是出兵伐秦。两国先是在丹阳鏖战一场，楚军被斩首八万，被俘将领多达七十余人，是为丹阳之战；战败后，楚怀王气急败坏，调集重兵卷土重来，秦楚双方又在蓝田展开激战，是为蓝田之战。

秦楚均是庞然大国，两虎相斗天下震动，这无异于让主张非攻的宋牼坐立不安，所以他对孟子说："这战不能再打了，我打算到楚国劝楚王退兵。如果楚王不从，我便去秦国，劝秦王退兵。我一定要让秦楚两国停战。"

宋牼的愿望和孟子不谋而合，但在游说方式上，两人却产生了分歧。孟子问宋牼："您大概说说，打算如何劝说楚王或秦王？"

宋牼说："天下无利不起早，我打算用利益来劝说二王，告诉他们继续交战对自己不利。"

"哎呀，"孟子长叹一声，仿佛他面对的是魏惠王，"您的志向是不错的，但何必谈利益呢？"

宋牼简直不敢相信自己的耳朵："为何不能谈利益？"

孟子说："如果先生谈利益，就算让秦楚两国退兵又如何？他们的出发点不是仁义，而是利益，因为继续交战无利可图，所以才退兵。这也就意味着，如果交战有利，他们必然重燃战火。况且，君主因利益而退兵，还起到了一个坏榜样，如果人人都像君主那样重利轻义，国家岂能长久？"

宋牼轻蔑一笑，说："不谈利益谈什么？"

孟子津津有味地说："先生不妨谈仁义。如果秦楚二王因仁义退兵，这便是治标治本的方法，因为只要心存仁义，他们便不会再穷兵黩武。更重要的是，君主心存仁义，必然给臣民做榜样，臣民也会心存仁义，以仁义为原则处事，便会使国家太平，行王道于天下。"

"既然如此，先生又何必言利呢？"这时，孟子特意加重语气，用来提醒宋牼。

宋牼显然不可能听从孟子。虽然，秦楚两国最终握手言和，是否宋牼之力不得而知，但绝不是受孟子的仁义影响。蓝田之战楚军打得非常吃力，损失惨重，楚怀王清醒下来后，担心老本拼光，只好率先撤兵，与秦国签订城下之盟。

孟子的仁义说再一次遭到现实的残酷打击。

但孟子并没有因此对仁义失去信心，正如他所说，因利益而退兵只能和平一时，当有利可图时还会再起纷争。果然，仅仅才过去一年，秦国便悍然撕毁盟约，出兵突袭楚国，大败楚军，攻占召陵。

这一年，孟子62岁。他并未因猜中时局而欣喜，他游说诸侯的雄心消减了许多，谈论时政的热情也冷却了许多，他只想心无旁骛地著书立说，教学育人。

短短一年，孟子的修为境界似乎得到质的飞跃，他不再是那个情绪激昂、闻恶必怒的暴躁的圣人，他也可以从容处事于心无碍，渐渐达到耳顺的境界。但，孟轲还是那个孟轲，终生不渝。

22年后，一代大儒孟子，安详地病逝于邹国，享年84岁。

人性本善：孟子的夙愿

人性究竟是善还是恶？孟子的学生告子的观点，想必让大家很感兴趣。

孟子说，人性本善；告子说，这个不对。

荀子说，人性本恶；告子说，这个也不对（如果他能与荀子辩论）。

在告子看来，人性本善的认识不对，人性本恶的认识也不对，那么，告子的观点到底是什么？告子说："人性之无分于善不善也。"

告子的意思是说，人性根本没有善恶的定性。

告子这话究竟该如何理解？

人性既有善的一面，也有恶的一面，不能单纯地用人性本善或本恶概括；还是人性就像一张白纸，最初的时候上面什么也没有，自然无所谓善恶之说，人性如何，全在后天的涂抹？

第一种观点想必能得到相当部分人的认同。因为反躬自省，自己既有善的一面，也有恶的一面，既不能说自己道德完美，也不能说自己十恶不赦。第二种观点曾经风靡一时，它的另一种说法更让人熟悉：婴儿就像一张白纸。

告子自己的解释，与这两种观点都有一定出入。告子打了一个比喻，说："人性如同急流水，从东方打开缺口便向东流，从西方打开缺口便向西流。所以，人性没有善恶的定性，正如水没有东西流的定向。（性犹湍水也，决诸东方则东流，决诸西方则西流。人性之无分于善不善也，犹水之无分于东西也。）"

在告子看来，人性是可变的，如同急水东西流那样，受环境影响。告子的观点似乎与人性如同白纸更接近。但如果仔细推敲，不难发现，告子所谓的人性无分善恶，不是说人性最初什么也没有，只是强调人性的可塑性。

或者，告子的观点可以如此理解：告子口中的人性无善恶之分，针对的是人类整体，有的人天性善良，有的人天性恶毒，有的人天性有善有恶，每个人的天性都不同（这种不同源自孕育环境的不同，正如急水东西流受环境影响一样，因而不是所有的水都东流或西流），所以人性无所谓善恶之分（水也没有东西流的定向）。

而人性有善有恶与人性白纸之说，都可以针对每一个个体，即所有人的人性都是有善有恶，或所有人的天性都如同白纸。

世界各国先哲讨论人性几千年，人性论大概分为四种观点：性善论、性恶论、无善无恶论（人性如同白纸说）和有善有恶论。告子的观点，极可能在这四者之外，正如前文所说，告子的"性之无分于善不善"，不等同于人性白纸说。

那么，告子的人性论是否有道理呢？

从现实来看，告子的观点似乎很有道理。打个比方，我们不难看到这样的现象：一个家庭成长的两个孩子，成长环境几乎一模一样，但两人成人后的秉性截然不同，一个性格善良，一个性格歹毒。同一个环境下成长，甚至连基因都大抵相似，为何性格差距如此悬殊？这岂非两个孩子的本性不同？

生活中我们还可以经常看到这样的现象：有的孩子无论父母如何教育，仍然顽劣不堪；有的孩子即使父母不理不睬，也能成为"父母眼中别人家的好孩子"。这种现象，性善论、性恶论难以解释，有善有恶和无善无恶论也难以解释，只有告子的"性之无分于善不善"很好解释：有的人天性善良，有的人天性不善，人与人天性不同。

但孟子认为告子的人性论很没道理。那么，孟子又有何高见？

告子以湍水打比喻时，孟子就在一旁。听告子说完，孟子很不屑地说："水确实没有东西流的定向，但难道不分上下吗？"

在孟子看来，水往下流，这是水的天性。他说："人性本善，正如水性向下。水一定是往下流，而人性也一定本是善良的。"

告子竟无言以对。

不过，孟子虽取得了辩论的胜利，但这样的类比纯属文字游戏，无法科学地证明人性本善。那么，孟子为何坚信人性本善呢？

公都子曾问过孟子一个尖锐的问题："如果人性本善，为何在尧这样的圣君之治理下，却还有象这样的大坏蛋？"

"象作为舜的弟弟，却想方设法谋害舜。难怪有人说，有的人天性善良，有的人天性不善。所以，瞽叟这样的混蛋父亲，却生出了舜这样的圣君；纣王这样的混蛋侄儿，却有比干那样的圣贤叔叔。"

公都子又说："也有人说，人性可以为善，也可以为恶。所以，文王武王治国时，百姓便一心向善；幽王、厉王主政时，百姓便为非作歹。"

公都子还说："我还记得告子说过，人性没有善恶的定性。请问老师，这些观点难道都错了吗？"

孟子说："看问题应该透过表象看本质，从这些人的天性来看，可以为善，所以我才说人性是善良的。"

原来，孟子所说的性善不意味着每个人天生是好人，而是指其天性可以为善，或者说具有做好人的潜质。所以周幽王这类"恶人"也是性善。但这也有个关键的问题，孟子如何知道周幽王这类"恶人"的天性可以为善？孟子心中"做好人的潜质"究竟是什么？

孟子告诉公都子："人天生便具有仁义礼智。一个拥有仁义礼智的人，难道不可以为善做一个好人？所以，仁义礼智便是做好人的潜质。"

一个既仁、且义、懂礼、有智的人，不仅是一个好人，还堪称一位长者，孟子的话，似乎很有道理。可问题的关键在于，人真的天生便具有仁义礼智吗？如果这个前提不成立，后面的一切解释都没有意义。

那么，孟子为何坚信"人天生便具有仁义礼智"？他有什么让人无懈可击的理由？

孟子通过对生活中人性的观察得出结论，他说："每个人都有同情心，这便是仁；每个人都有羞耻心，这便是义；每个人都有恭敬心，这便是礼；每个人都有是非心，这便是智。关键在于，这四者都不是后天养成，而是与生俱来。（恻隐之心，人皆有之；羞恶之心，人皆有之；恭敬之心，人皆有之；是非之心，人皆有之。恻隐之心，仁也；羞恶之心，义也；恭敬之心，礼也；是非之心，智也。仁义礼智非由外铄我也，我固有之也。）"

孟子对人性的观察很准确，与仁义礼智的关联也很契合，但问题仍然没有彻底解决。人人确实都拥有同情心、羞耻心、恭敬心和是非心，可孟子凭什么说，这四者都是与生俱来，而不是后天养成？

关于人生而有同情心，孟子曾经用一个比喻，做了一番详细的解释。他说："如果有个人突然看到有个小孩要掉井了，他一定想伸手去拉，救这个小孩一命。"

为何要救小孩呢？孟子解释道："因为他产生了惊骇同情之心。他同情这个孩子，不是想和孩子的父亲攀交情，也不是想以此沽名钓誉，更不是厌恶孩子害怕时的哭声，仅仅是不忍心看到孩子遇难。"

所以，孟子断言每个人都有同情心，这种同情心是与生俱来，而不是受环境影响。但是，孟子比喻中同情小孩的人，显然不是个婴儿，而是一个成年人，至少也有一定年龄，早已或多或少接受教育，怎知他的同情心不是后天养成？

此外，关于羞耻心、恭敬心和是非心为何也是与生俱来的原因，孟子似乎没有详细解释。这也就意味着，孟子无法证明，至少没能证明同情心、羞耻心、恭敬心和是非心与生俱来，也就没能证明仁义礼智是与生俱来，同样没能证明"人具有做好人的潜质"。

孟子的性善论根本无法自圆其说！

那么，人性到底是善还是恶？或者其他？

美国科学家做过一个有趣的实验，当他手中的衣服夹子掉地上，一个刚学会走路的孩子会主动帮他捡起来，并交还到他手中。要知道，这个孩子仅仅只有18个月大，却也具有乐于助人的品质，这岂非说明人性本善？

德国一家人类研究所也做过类似的实验。该研究所的心理学研究员每天在一群刚会爬的婴儿面前做简单的动作，如用夹子挂毛巾、把书垒成堆。一段时间后，研究员会假装笨手笨脚把事情搞砸，比如夹子掉了，或把书堆碰倒。这时，令人惊讶的一幕发生：实验室24个婴儿见研究员遇到困难，在短短几秒的时间里，不约而同表现出想要帮忙的意思。这岂非也能说明人天性乐于助人，人性本善？

但客观地说，这两个实验还不够周密，18个月大的孩子，都已经学会走路，他的乐于助人，怎知不是受后天影响？至于那24个"乐于助人"的婴儿，他们表现出的"帮忙的意思"，究竟是人性原始的善的体现，还是人类模仿本能的体现？这一切很难证明。因为婴儿不会说出自己的动机。

退一步说，即使这些实验能够证明人性的善，但也只能证明人性具有善的一面，无法否定人性恶的一面。

性恶论的代表人物荀子分析人性的恶时，可谓一针见血，他说："人性，生来便贪图利益，生来便有妒忌憎恨的心理，生来便有耳目之欲，如果放纵天性，而不加以约束，必然导致天下大乱。（今人之性，生而有好利焉，顺是，故争夺生而辞让亡焉；生而有疾恶焉，顺是，故残贼生而忠信亡焉；生而有耳目之欲，有好声色焉，顺是，故淫乱生而礼义文理亡焉。）"

荀子对人性的分析似乎更有道理，尤其是他所说的耳目之欲，这是所有动物的生理本能，早已得到科学的证实，人类更是如此。而人类所犯下的大多数恶，也正因为过分地追求耳目之欲。

但是，荀子所谓的"人的劣根性"，本身并不意味着"必然的恶"，即使是人的嫉妒心，只要控制在合理的范围内，也无法产生真正的"恶"，反而能激励人们相互竞争、共同进步。问题的关键在于，人类是否天生具有自我约束能力，将这些天性控制在合理的范围内，还是需要借助后天的教育？

荀子显然认为人类不具备这种能力。所以他说，"故必将有师法之化，礼义之道，然后出于辞让，合于文理，而归于治"，人类必须通过后天的教化，礼义之道的规范，才能够尊这样一来，又产生一个新的问题，既然人类不具备自我约束能力，人性本善，需要靠礼仪道德约束，那么礼仪道德又从何而来？一个天生的恶人，总不至于发明一套礼义约束自己吧？

荀子给出的解释是，"凡礼义者，是生于圣人之伪，非故生于人之性也"，所有的礼义都是圣人通过不断努力而制定，并非产生于人的天性。可是，圣人为何能制定礼义？难道圣人的人性与常人不同？

显然，荀子否认这个观点，他说，"凡人之性者，尧舜之与桀跖，其性一也；君子之与小人，其性一也"，圣明的尧、舜和残暴的桀、跖的人性一样；君子与小人的人性也一样。圣人之所以能制定礼义，是因为"能化性，能起伪，伪起而生礼义"，能改变本性，做出人为的努力，进而制定礼义。

那么，普通人为何不能"化性起伪生礼义"？可见，依荀子的逻辑，圣人本身与普通人还是有所不同。

当然，这不是重点。颇值一提的是，荀子强调圣人可以"化性起伪生礼义"，等同于圣人可以产生"善"，与孟子的观点"根据天生的资质，可以为善（乃若其情，则可以为善矣）"，两者颇有相似之处。只不过，荀子强调只有圣人才能如此，而孟子却认为所有人都能如此。但孟子说过一句经典名言——"人皆可以为尧舜（圣人）"。

更有意思的是，孟子的性善论："乃若其情，则可以为善矣"，便是人性善良（乃所谓善也）。但荀子认为，"礼义积伪者，不是人之性"，也就是说，依荀子的逻辑，"可以为善"不等于"性善"。

事实上，荀子也确实批评过孟子，他认为孟子不了解人性，也分不清人的先天本性和后天人为之间的区别（是不及知人之性，而不察乎人之性伪之分者也）。荀子认为，天性是生而有之，不是由学习或做事而来（凡性者，天之就也，不可学，不可事），如果人性只有向善的因子，但没有真正的善，也不能算作人性本善。

所以，无论从孟子自己的逻辑、现代研究成果，还是荀子对孟子的批评，孟子的性善论都很难站住脚。

当然，这不意味着孟子的性善论一定错误。事实上，直到今日，人性本源的问题仍在研究之中。尽管人性论的先哲们各持己见，各有一番鞭辟入里的分析，但谁也没有一个让大多数人完全信服的答案。

我们再回过头来，孟子说周幽王这类恶人，虽然作恶多端，但也可以为善，成为一个好人。但为何周幽王这类恶人没有成为好人？

孟子对告子说："拍水使它跳起来，可以高过额角，戽水可以使水倒流，引上高山，这难道是水的本性吗？不过形势使它如此罢了。人本性的改变，不正是如此吗？（今夫水，搏而跃之，可使过颡；激而行之，可使在山。是岂水之性哉？其势则然也。人之可使为不善，其性亦犹是也。）"

可见，孟子虽然宣扬性善论，但他同时也认为，环境可以改变人的性格，或者说环境可以蒙蔽人的真性情。周幽王之所以成为昏君，不是他具有做昏君的本性，而是他的善根被不良环境影响所致。

关于环境影响人的本性，孟子打过一个非常现实深刻的比喻，他说"富岁，子弟多赖；凶岁，子弟多暴"，丰收之年，子弟多懒惰；饥荒之年，子弟多强暴，为何会出现这种情况呢？这肯定与本性无关，而是受环境影响（非天之降才尔殊也，其所以陷溺其心者然也）。丰收之年不愁吃喝，自然容易使人懒惰；饥荒之年食不果腹，为了生存，人难免会做出过激的举动来。

孟子认为，影响本性的因素不仅是环境，利益等其他不良外物也能影响，或者说它们也可以归纳为影响本性的环境。为证明这一观点，孟子谈过一个很有趣的话题，说的是两种针锋相对的职业，他说，制造箭矢的工人难道本性比制造铠甲的工人恶毒吗？造箭工人唯恐不能伤人，而造甲工人生怕铠甲被射穿有人受伤（矢人岂不仁于函人哉？矢人唯恐不伤人，函人唯恐伤人。）。答案当然是否定的，这一切都是利益促使，箭矢不能伤人卖不出去，铠甲不能防御也卖不出去。

所以，孟子感叹"选择谋生之术时，千万千万要谨慎啊（故术不可不慎也）"。当然，孟子的用意不是说不能做矢人或函人，而是强调外物对本性的影响之大，培养本性就需要处处小心，正如那句偈语所说，"时时勤拂拭，莫使有尘埃"，不能让外界的不良因素蒙蔽了善良的本性。

然而，人生在世，面临着各种各样的无数诱惑，也就是孟子所说的影响本性的不良因素太多，一个人怎样才能在纷繁多姿的世界中，避免被外界不良因素影响，使自己的本性完完全全保留呢？或者说，使自己成为一个"好人"呢？

孟子说，若想培养人的本性，首先需要明白人的本性。如果连自己的本性都不清楚，又谈何培养？那么，一个人如何认识自己的本性呢？孟子告诉世人，只有充分扩充善良的本心，才能够认识本性。（尽其心者，知其性也。知其性，则知天矣。存其心，养其性，所以事天也。）

但关键在于，善良的本性是什么？如何扩充善良的本性？孟子的答案可谓至理名言，虽然他没有证明，但这句话的正确性无须验证："人皆有所不忍，人皆有所不为"，无论多么心肠歹毒的人，都有不忍心做的事，都有不愿意做的事。这是不是客观存在的事实？孟子认为，这便是善良的本性，只要能够把这种本性扩充，比如"自己不忍做不想做，也能想到别人的不忍与不想，从而产生不忍害人、不偷窃奸利之心，并加以扩充（充无欲害人之心，充无穿逾之心）"，便能使自己充满仁义，进而保全本心。

不过，无论这种方法在实际生活中是否可行，但做起来却很不容易。因为孟子着重强调，培养本性不是三天打鱼两天晒网，而应该持之以恒。

孟子因此又打了一个比喻。牛山的树木曾经非常茂盛，但如果经常用斧头砍树，还能够维持茂盛吗？尽管树木日日夜夜都在生长，但好不容易长出一点儿，人们紧跟着又在牛山放牧。树木的生长速度明显跟不上牛羊啃食的速度，于是牛山变得光秃秃了，让人们误以为牛山就是如此。（牛山之木尝美矣，以其郊于大国也，斧斤伐之，可以为美乎？是其日夜之所息，雨露之所润，非无萌蘖之生焉，牛羊又从而牧之，是以若彼濯濯也。人见其濯濯也，以为未尝有材焉。）

这个比喻和孟子想表达的观点十分契合，他说，"人的善心也是如此。好不容易激发一点儿善念，接着又胡作非为一番，把自己的善念消磨殆尽。如此反复，心中的善念便将彻底消失。这时候，别人见他如禽兽般毫无仁义，便误以为他本性不善。（虽存乎人者，岂无仁义之心哉？其日夜之所息，平旦之气，其好恶与人相近也者几希，则其旦昼之所为，有梏亡之矣。梏之反复，则其夜气不足以存；夜气不足以存，则其违禽兽不远矣。人见其禽兽也，而以为未尝有才焉者。）"所以，孟子认为人应该持之以恒地培养本性，不能做任何消磨善念的事情。

孟子的性善论固然不能自圆其说，但孟子培养本性的观点，却很有积极意义。"靡不有初，鲜克有终"，为何一个人难以善始善终，正因为不能持之以恒，三心二意，甚至背道而驰，最终将一副好牌打烂。

性善论是否科学，至少在今天看来，不是最重要的。最重要的是，坚守心中的善念，持之以恒地培养、扩充，虽然不可能达到孟子所说的圣人境界，但取法于上得乎其中，也足以让自己成为一个比较优秀的人。这才是宣扬性善论的真正意义。

让每一个人都积极向善，使天下太平，繁荣祥和，归于大治，我想，这也是孟子如此孜孜不倦地鼓吹性善论的夙愿。